魚毒植物

盛口 満
Moriguchi Mitsuru

南方新社

はじめに

　テンブンヤーヌウシュマイ。

　かつて、南の島・石垣島に、こんなあだ名で呼ばれた一人の人物がいた。石垣島測候所の所長を長く務め、気象レーダーなどなかった頃に、台風銀座のただなかにある石垣島で体を張って気象観測を続けた岩崎卓爾のことである。

　東北・仙台出身の卓爾が、1898（明治31）年、設立されたばかりの石垣島測候所に赴任した際、彼は30歳の若さだった。以後、卓爾は1937（昭和12）年に島で亡くなるまで、本業の気象観測はもとより、島の自然、歴史、文化の記録や紹介などの活動にも全力を尽くした。テンブンヤーヌウシュマイとは、天文屋の御主前、すなわち「測候所のおじさん」といったような意味あいの愛称である。いつまでたっても東北弁の抜けない卓爾は、服装も極めてユニークで、島の人からは大いに慕われた。自然方面での彼の功績は、今もイワサキゼミ、イワサキコノハ、イワサキワモンベニヘビといった生き物たちに名を残し、歴史や文化について書き残したものは『岩崎卓爾一巻全集』にまとめられている。

　その卓爾の書き残したものに、私の目を引き付けた、興味深い一文がある。1927（昭和2）年に発表された『石垣島気候篇』（『岩崎卓爾一巻全集』所収）の中に書かれたものである。島に伝わる雨乞いの歌を紹介した後で、注釈として書かれた、石垣島の東岸に位置する白保集落の雨乞い行事についての記述だ。

　「白保にては樹皮（モッコク）、『キリンカク』（地方名フクルンギ）を臼に搗きて轟川の上流に入れて攪拌し、下流にて網を張り漁獲をなす。これは川の穢水海に注ぎ海神の祟りを以て雨を降らすものとし俗に『スサ、イレ』と言ふ」

　白保では、雨乞いの際に、樹皮その他を搗いたものを川に投入し、それによって魚を捕るというのである。水中に特定の植物を搗いたものなどを投入し、その植物の成分によって魚を麻痺させて捕る漁法のことを魚毒漁とい

う。白保では、雨乞いに際して魚毒漁が行われていたわけだが、なぜこれが雨乞いに関わるのか、卓爾の書き残した文章だけでは意味がわかりにくい。そこで、卓爾と交流のあった、石垣島出身の郷土史家、喜舎場永珣の書いたものもあわせて紹介することにする。

喜舎場が「八重山に於ける舊来の漁業」と題した文書の中で、八重山（石垣島をはじめ、西表島、与那国島などの島々をあわせた呼称）における魚毒漁について紹介している（喜舎場　1989）。八重山では魚毒漁のことをイズベーシィと呼ぶ。イズは魚。ベーシィは酔わせるという意味である。またはシィサ入り（ササ入り）とも言う（卓爾の文中の「スサ、イレ」）。ササというのは、魚毒のことを指している。喜舎場は文の中で、白保の轟川の魚毒漁に関しては、集落の人々に割り当てて魚毒を集めることから準備されると書いている。かつて集落の構成員は、性別や年齢によって役割が決められていたが、正男と呼ばれる、15歳以上、50歳までの男性には、魚毒の粉末を一人あたり一斗が割り当てられ、それを村総代へ納付することになっていたとある。1925（大正14）年に行われた轟川の魚毒漁には、喜舎場も参加し、2、30斤（1斤は600グラム）の淡水魚やウナギを捕ったとも書かれている。では、なぜ、こうした魚毒漁が雨乞いの際に行われるのか。

「轟川の生物を毒殺して、捕れる丈けは村民がとるが、川底などに沈んでゐるものは腐敗して悪臭を放つ。竜神はこの悪臭で立腹して、大雨を降らして川浚えを斷行する。所詮、水神を怒らせて、雨を降らすといふ奇習である。今尚行はれてゐる。（中略）大正十四年七月に行はれた『ササ入れ』の結果も、其晩から盆を覆へす様な豪雨を降らした」

つまり、魚毒漁によって、人々が捕獲せずに死んで放置されたものが腐敗し、そのことで竜神が怒り、穢された川を浄化させるために雨を降らせるという文脈になっているわけだ。

私はこの、『岩崎卓爾一巻全集』の一節を読んで、雨乞い時に魚毒漁が行われることがあることを初めて知ったのだが、その後、琉球列島の島々で年輩の方々に昔の自然利用を聞きとる中で、魚毒漁の話を頻繁に耳にすることになり、魚毒漁そのものにも、強い興味を引かれるようになった。

2021年7月、奄美大島、徳之島、沖縄島（北部）、西表島が世界自然遺産に登録されることが発表された。これは世界的に見ても貴重な島嶼生態系

が保持されていることが評価されたと同時に、次世代にもその貴重な自然を受け渡すことの重要性が確認されたということである。

　古くから人々が生活を営んできた琉球列島の島々に、今もなおこのような貴重な自然が残されていることは繰り返し注視されてよいことであるが、一方、これらの島々にはもう一つの自然があることには、まだ十分な注目がなされていないように感じる。それが、いわゆる里山と呼ばれる、耕作地を中心とした人為の影響を強く受ける自然である。琉球列島、特に中琉球以南の島々の耕作地と言えば、サトウキビが一面に広がる風景を頭に思い浮かべがちだが、このような単作的な風景が広がるようになったのは、そう昔の話ではない。大まかに言えば、琉球列島の里山が、自給的な作物生産を中心とした耕作から、より換金的な作物生産を中心とした耕作に変化し、それに伴い、象徴的には田んぼの急減が見られるようになるのは、1960年代以降のことになる。逆に言えば、1960年代以前の琉球列島においては、里山を中心とした、自然環境に即した自給自足的な生活を成り立たしうる自然利用が見られていたわけであり、そのような自然利用の知恵・知識（生物文化）は、持続可能性の重要性が認識されるようになった現代においては、それこそ、自然遺産と言えるものではないかと思える。

　魚毒漁も、そのような島の人々の自然利用の一端である。現在、魚毒漁は禁止されて一切行われていない。しかし、かつて島々で行われていた魚毒漁はいったいどのようなものであり、なぜ、魚毒を使った漁が行われていたのだろうか。はたまた、石垣島・白保のように、雨乞いと関連する魚毒漁は普遍的なものなのだろうか。

　本書は聞き取り調査および文献調査の結果を基にした琉球列島の魚毒漁の紹介をもとに、人々の自然利用における知のありどころにも目を向けてみていきたいと考えている。

1章
魚毒漁とは

1−1　魚毒漁とは

　魚毒漁とは、世界各地で行われてきた、植物あるいは動物体、化学物質等にふくまれる有毒成分を水中に流して、魚を麻痺させて捕る漁法のことであり、狩猟採集民からの例も知られる、人類史上、古くから行われてきたと考えられている漁法のことである（秋道　1995）。なお、本書では、以下、基本的には植物を利用した魚毒漁をとりあげていくこととしたい。

　数ある漁法の中でも、魚を直接手で掴み捕る、つかみどり漁を、「おそらくはもっとも原始的な漁法」として紹介している『原始漁法の民俗』の中でも、毒ながし漁について、「濫獲のため、各地で禁止されながら、なお時々行われる原始漁法の一つ」と、その名をあげている（最上　1967）。

　魚毒漁の最古の記録は、紀元前4世紀に書かれたアリストテレスの『動物誌』であるとされ、以下のような記述がみられる（アリストテレス　1969）。

　「魚類はモウズイカ（の毒）で死ぬ。それゆえまた、他国の人々は川や沼の魚をモウズイカで殺してとるが、ポイニケ（フェニキア）の人たちは海の魚もそうしてとる」

　ゴマノハグサ科のビロードモウズイカは、大型の草本で、ヨーロッパからアジアに自生していたが、その後人々の移動と共に分布を広げ、アメリカ大陸や日本では帰化植物として生育を見ることができる。日本では琉球列島を除く各地にみられるが、特に東北、北海道に多い。

　アリストテレスはモウズイカを魚毒植物の名としてあげているが、世界各地で行われてきた魚毒漁は、そのそれぞれの地域で特有の魚毒植物を利用し、また植物の利用部位、魚毒としての利用方法、魚毒漁を行う場所などもさまざまであった。

　世界各地の魚毒漁についてはハイザーが総括的な報告を行っている（Heizer 1953）。ハイザーは、魚毒の使い方は以下のように大きく4つに区分できるとしている。

1－a：砕いた植物体をこねた団子状のものを水中に投じる（最も普通にみられる）。

1－b：砕いた植物体を容器につめ、これを水中に投じる。

2：毒餌による漁　植物の毒によってやり方は異なる。胃に働く毒、呼吸

ビロードモウズイカ（左）、モウズイカ（右）
Verbascum 属の草本。ヨーロッパ～アジア原産だが、各地に帰化している。アリストテレスの記述した魚毒植物

器に働く毒、神経に働く毒がある。

3：無機の化学物質によるもの。

4：フィッシュ・スモーキング　川岸で火を焚いて、煙を水面に送るという
もの。この方法はよくわかっていない。北米の二つの部族だけに知ら
れる。

1－2　世界の魚毒植物

　ハイザーは、世界各地の魚毒植物について、概要を紹介もしている。ヨー
ロッパの魚毒植物は、先に書いたようにアリストテレスのモウズイカの記述
が最古のものだが、その後、古代ローマの博物学者、プリニウス（23〜79
年）も、イタリアではウマノスズクサの仲間を、魚を麻痺させるのに使うと
記録しているとある。一方、ヨーロッパでは、早い時期から、魚の保護のた
め、この漁法は禁止されたともいう。

　ハイザーが紹介している、世界各地の魚毒植物は、以下のようなもので
ある。

○ヨーロッパ：トウダイグサ属の一種、ヨーロッパイチイ、シクラメン属（2
　　種）、ビロードモウズイカ、モウズイカ属の一種がリストアップ。
○イギリス：トウダイグサ属が2種、あげられている。
○スペイン：ジンチョウゲ属、ヒヨス、バイケイソウ、モウズイカ属の一種
　　の名がリストアップ。
○ネパール：サンショウ属の植物　1種のみがリストアップされている。
○フィリピン：21種がリストアップされ、その中にハズ（トウダイグサ科）、
　　トバ（マメ科デリス属・*Derris elliptica*）、チョウセンアサガオ、モダマ（マ
　　メ科）の名があげられている。
○ハワイ：6種がリストアップされ、そのうちのひとつは、太平洋の島々で
　　飲料として利用されるコショウ科のカヴァである。
○ソロモン諸島：サガリバナ属の一種の名があげられている。
○インド：多種の植物がリストアップされているが、その中に、琉球列島に
　　も分布しているイジュ（ツバキ科・ヒメツバキ属）の名もある。その

　ほかには、モダマの一種や、裸子植物のグネツムの仲間の名もあがっ
ている。

○グアム：日本でも海岸で果実が漂着しているのを見る、サガリバナ科のゴ
　バンノアシの名があげられている。

○日本：コフジウツギ、トコロ、サンショウの3種がリストアップ。

○台湾：マメ科のドクフジ（魚藤）のみ、名があげられている。

○中国：ジンチョウゲ科（アオガンピ属）、ポインセチア、センダン、チョ
　ウセンアサガオ類、カンラン科（カンラン属）、ツバキ属の6種がリス
　トアップ。

○カリフォルニア：ムクロジ科（トチノキ属）、ウリ科、タティスカ科、トウ
　ダイグサ科などの植物があげられている。

コフジウツギ（ウラジロフジウツギ）
江戸時代の本草書には「魚酔草」
の名で紹介されている

○オーストラリア：アカシア属やユーカリ属のほか、サガリバナ科や、カン
　ラン科（カンラン属）、マメ科（デリス属）、インドクワズイモといっ
　た植物がリストアップされている。

　ハイザーによると、世界には、東南アジア・オセアニア、中東・インド、
南アメリカに魚毒利用の大きなセンターがあるとされている。一方、その後
の研究によって、例えば1994年に出されたカタログでは、アフリカの熱帯
域のみで62科、17属284種の魚毒植物が見つかっていると報告されている
ことから（Cannon 2004）、ハイザーがとりまとめたものは、実際に利用さ
れてきた魚毒植物の一部でしかないことがわかる。
　キャノンは、魚毒植物の例として、南米・チリ、グアノインディアンは、
ボリビアやアンデスの国々に生育するサクラソウ科の木（*Mirsine pellucida*）
の樹皮を使うということや、北西アマゾンのインディアンはバターナット科
の植物（*Caryocar microcarpum*）を魚毒にするということに触れ、また、フィリ
ピンではサキシマスオウノキが使われ、サモアと太平洋諸島ではゴバンノア
シの種子が使われることをあげている。また、世界で利用される主な魚毒植
物として、以下の植物名をあげている。

・ホソバミズゼニゴケ（ミズゼニゴケ科）
・ニオイシダ（オシダ科）
・ドイツアヤメ（アヤメ科）
・イジュ（ツバキ科）
・チャノキ（ツバキ科）
・モワ（アカテツ科）
・ミツマタ（ジンチョウゲ科）
・サキシマスオウノキ（アオイ科）

　このほかに、日本ではなじみのない植物として、*Maesa ramentacea*（サクラ
ソウ科・イズセンリョウ属）や、サクラソウ科（ミルシネ属）の一種、ジン
チョウゲ科（ピメレア属）の一種、ヤブコウジ科（ツノヤブコウジ属）の一
種、バターナット科の一種などの名もあげられている。

　世界の魚毒植物については、各地からの報告も多数出ている。例えば、ア
フリカ・ザイールのソンゴーラ族は、少なくとも８種の魚毒植物（マメ科２
種、キツネノマゴ科２種、ミカン科、マメ科、ムクロジ科、科不明）を使う
という。このうちカルクと呼ばれるマメ科・タイワンクサフジ属の植物は栽
培され、頻繁に利用されている。また、ソンゴーラ族の近隣に居住するボエ
ラ族の場合は、一年ないし数年に一度、村の全員が参加する大きな魚毒漁を
行うという。魚毒漁のやり方としては、「木の樹皮や実や葉を直径３ｍ厚さ
２〜30センチほど積みあげ、一人一人がたて杵を使うように棒を上下させ
魚毒をつぶしていく（２時間ほど）、泡だって泥とまじった魚毒を川の中へ
押しやり毒が流れるのを待つ」といったものである（安渓　1982）。

　また、アフリカ・タンザニアのトングウェ族の場合は、魚毒として、マメ科・
ナツフジ属の *Milletia angustidentata* という植物を用いる。「この毒をつくるの
は、早朝まだ人びとが寝しずまっているときに」この植物をとってきて、「人
びとに知られないようにこっそりと搗き、その汁を川にもっていって流す。
すべての魚がこの毒で死ぬ」とある（現在、この漁は禁止されているとも書

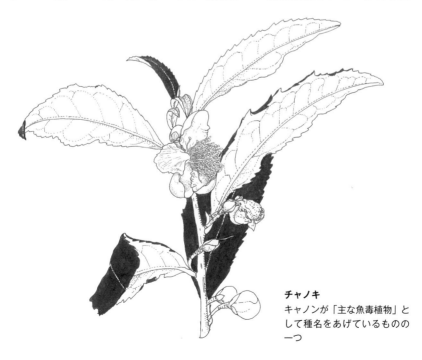

チャノキ
キャノンが「主な魚毒植物」と
して種名をあげているものの
一つ

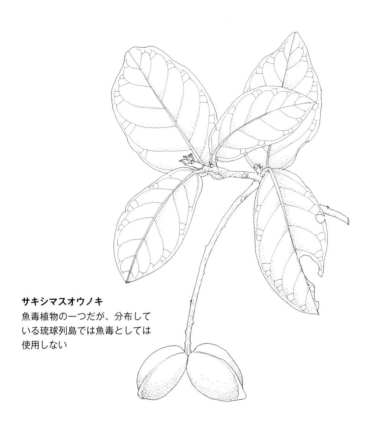

サキシマスオウノキ
魚毒植物の一つだが、分布して
いる琉球列島では魚毒としては
使用しない

かれている）。また、キャッサバの団子の中に嗅煙草を混ぜ、川の水面近く
を泳ぐカラシン科の魚に投げるという漁法もある。これは先のハイザーの魚
毒区分でいえば2にあたるものだ。魚が団子を飲み込むと、やがてタバコの
毒によってふらふらしだす。そこを捕まえるが、もし笑ってしまうと、魚は
逃げてしまうと言われている（伊谷　1977）。

　アメリカ大陸の例もあげておく。北西南米ギアナでは、以下の合計9種
が魚毒植物として報告されている（Andel 2000）。

・キク科　ハキダメギク属
・マメ科　ロンコカルプス属　4種
・マメ科　ナンバンクサフジ（テフロシア）属
・ムクロジ科　セルジャニア属

・ムクロジ科　タリシア属　2種

1－3　アジア、太平洋地区での魚毒植物

　アジアおよび太平洋地区での魚毒植物は、日本にも関係のある植物も少なくないので、もう少し詳しく紹介することにしたい。

　松原正毅は、「焼畑農耕民のウキとなれずし」の中で、ボルネオのイバン族についての魚毒植物と、魚毒漁の方法について、次のように紹介している。イバン族は、畑にマメ科・デリス属のトバ（*Derris elliptica*）を栽培している。トバというのは、イバン族にとっては、魚毒に使用する植物の名でもあり、毒流し漁のことでもある。トバの根を集めると、川をせきとめるための木柵がつくられる。柵の中央には、大きなヤナか袋状になった三角形の網を設置する。柵から1〜2キロ上流まで、トバの根を載せたクリ舟に乗って、男が進む。上流部に着くと、トバの根を岩や舟の舷側にあて、こん棒で叩き潰し、水をかける。こうして、クリ舟の中、一杯に白濁した毒液をためる。そして、リーダーの合図で舟をひっくり返し、毒液を川の中に投入する。

　「水の流れのゆるやかな時期をえらんで、比較的小さな川で行われる」「tuba漁は、村中総出の祭ないしはレクリエイション的な性格をもっている。共同作業であることが、必然的にそういった結果を生むのだろう。（中略）クラビット族の場合、tuba漁は、リーダーの力を誇示するポトラッチ的な要素をもった、儀礼的行事になっている」

　なお、イバン族はこのほかにツヅラフジ科の *Cocculus indicus* の根を使う。西ボルネオではトウダイグサ科・トウダイグサ属の *Euphorbia antiquorum* や、*E. torigona* の乳液も使われる。このうち、前者は畑に栽培されるともある。松原は続いて、ボルネオ周辺地域における魚毒についても、以下のように紹介を行っている。

○カンゲアン諸島ではマメ科・デリス属の、*D. scandens* の乳液が使われる。
○マドゥラ島ではマメ科の *Pongamia pinnata* の実が使われる。
○スマトラではトウダイグサ科・アカメガシワ属の *Mallotus philippinensis*（現地では、この植物をトバと呼ぶ）の乳液や、カキノキ科・カキノキ属の

Diospyros ebenaster の実、センダン科の *Dysoxylon arborescens* が使われる。

○ジャワではトベラ科の *Pittosporum ferrugineum* の葉と実が利用される。

○マレー半島では *D. thysifora* といった、マメ科デリス属の根が団子状にして使われるほか、トウダイグサ科・シラキ属の *Sapium indicumn* の実や、カキノキ科・カキノキ属の *Diospyros walichii* の実、ジンチョウゲ科・アオガンピ属の *Wikstroemia ridleyi* の皮などが魚毒として利用される。

○フィリピンではトバのほか、トウダイグサ科のナンヨウアブラギリ（現地では、これがトバと呼ばれる）や、同じくトウダイグサ科・オオベニガシワ属の *Alchornea parviflora*（葉）、ツゲ科・ツゲ属の *Buxus rolfei*（実）、シソ科・ムラサキシキブ属の *Callicarpa angustifolia* や、同じく *C. cana* などが魚毒として使われる。

○ベトナムで魚毒として使われる植物としては、マメ科・ナツフジ属の *Milletia ichtyociona* のほか、ツバキ科・ツバキ属の *Camelia drpifera* や、ヤシ科の植物の名があげられている。

○台湾先住民のアタヤル族、プヌン族、ツオウ族、パイワン族などは、いずれもワラノと呼ばれる、マメ科・ナツフジ属のドクフジ（魚藤）を使い、渓流でアユやハヤを捕る。

○オーストラリア・アボリジニは数種の魚毒を利用しているが、このうち、クイーンズランドのアボリジニは、マメ科の *Pongamia pinata* の根を焼いたあと、一晩水にひたし、その浸出液を魚毒として利用する。（松原　1970）。

　民俗学者である上江洲均は、台湾の現地調査を行った上で、「古からの漁法に毒入れ漁がある。この毒のことをサディムという。葛の根を石でつついて白い液を水に流す。この植物をデレスともいう。毒入れ漁のことをミサディムという。川にサディムの毒を流し、魚や鰻を獲る。現在では、ミサディムは禁止されて見られなくなった。（中略）大正３年の『藩族調査報告書』によると"サディムの汁を流して、魚が水面に浮いてくるところを刀あるいは棒で撃ち殺し、または投網で捕る"と書いている。しかし、家族に妊産婦がいる時は、家族の者はサディムを叩かない。この漁法で魚を獲るのは男子ばかりで、女子はやらないとも述べている。さらに『報告書』には、年数回一斉に川漁を行うにすぎず、個人の漁は行わないとも述べている」と報告をして

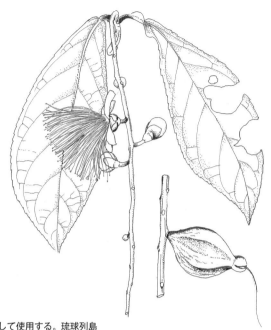

サガリバナ
インドで魚毒として使用する。琉球列島
のマングローブ林周辺でも見られるが、
琉球列島では魚毒としての使用例を聞
いたことがない

いる（上江洲　1990）。なお、台湾で先住民が魚毒として利用していたのは、
マメ科・ナツフジ属のドクフジ（魚藤）だが、デリスもドクフジと表記され
ることがあるのでドクフジという植物名が何を指しているかについては、注
意が必要である。デリス属のトバは、殺虫剤としての利用があり、特に日本
統治下にあった戦前、戦中に台湾で盛んに栽培されるようになった。上江洲
の報告から、従来利用していた魚藤だけでなく、デリス属のトバも魚毒とし
て利用するようになったか、ドクフジをデリスの名で呼ぶようになっていた
か、そのどちらかであったことがわかる（大変ややこしいことに、台湾の先
住民はドクフジのことをトバとも呼んでいた）。
　グアムでの魚毒漁については、サフォードの『ユースフル　プランツ　オ
ブ　グアム』（Safford 1905）に次のような記述がみられる。
　「（ゴバンノアシは）グアムには大変多い。東海岸のパゴとタロフォフォの

間は、落ちた実や実生を踏みつけずに歩くのにはかなりの注意が必要であるほど。住民は乾かした実は網の浮きにする。また新鮮な実は魚を麻痺させる。魚を麻痺させるためにこの植物の種子を使うのは、ポリネシアから東インドにかけて広くみられる」

「（ゴバンノアシの）種子はペースト状につき砕かれカゴに入れ、一晩おかれる。翌朝、特に干潮時が選ばれ、カゴはリーフに運ばれ、いくつかの深い穴に沈められる。魚はすぐに表面にあらわれ、いくつかは死んでおり、残りは泳ごうとし、突然腹を上にみせてあがく。先住民はこれを網ですくい、銛で突き、飛び上がったものを手で掴み、時に飛び込みさえする。（中略）食用に不向きな多くの若い魚がこの過程で殺されてしまう。スペイン当局はこの漁法を禁じたが、アメリカの占領後この慣習は復活した」

「（ゴバンノアシと同じ、サガリバナ科のサガリバナは、）グアムには普通

ゴバンノアシ
太平洋の島々で、広く種子を
魚毒として使用する

ゴバンノアシの実
実の断面。
中央に大きな種子がある

にあるが利用されていない。しかしインドでは種子は魚毒に使われ、果実の粉末はほかの薬剤といっしょに傷やヒフのできものの外部薬として使われる。マレー半島では同類の種子から粘り気のある食べ物を作る」

　武田淳らによって、ソロモン諸島、ガダルカナル島の魚毒についても報告がなされている（武田他　2000）。ガダルカナル島で利用されているのは、トウダイグサ科・トウダイグサ属で、現地でマバイと呼ばれている灌木の乳液である。これは海で使用され、「時にはカメやサメを殺すほど強力であるという。枝ごと海にもっていき、水に沈めたまま葉をもぎとる。樹皮を互いにこすって汁を出すが、この漁の場合、手に火傷と浮腫を負いかねない」

　「この乳液は魚類の視覚に効く毒性があると信じられていて、視覚をやられた魚は、行動のバランスを失い、ついには死んで海面に浮上する」と紹介がなされている（ただし、ウミガメに魚毒が効くということや、魚毒が視覚に働くというのは、誤りまたは民族知的な解釈であろう）。

　また、マメ科・デリス属の *D. heterophylla* には2種の栽培型があるとも書かれている。この栽培されるデリスは海で葉や茎をつぶし、利用されるが、このほかに野生種のデリス属が利用されていて、つるを重い木で潰して、川の魚を漁獲するのに使用されると書かれている。このほかに利用される魚毒植物としては、河川の水溜まりなどで利用される、セリ科・チドメグサ属の草と、ゴバンノアシがあり、ガダルカナル島では、ゴバンノアシはデリスほど毒性が強くないため、砂と混ぜてついた種子を、リーフのタイドプールに入れて魚を麻痺させるのに利用されるとある。

　ハワイで利用された魚毒についての補足としては、アキアと呼ばれるジンチョウゲ科アオガンピ属の低木は、海岸にみられ有毒であり、この葉や枝をくだいてつついたものを池などに入れ魚毒として利用（Stone et al. 2008）していたという。

1-4　インド・ネパールと日本にみられる魚毒植物の共通点

　アジア、太平洋地域の魚毒漁について概説を行っている松原は、利用される魚毒植物は、地域ごとに偏りが見られるとし、「トウダイグサ科を中心とした、乳液を魚毒に使用する方法も、かなり特異な分布をしめす。すなわち、

この方法の東南アジア地域における分布は、ボルネオ、インドネシア、フィリピンなどの島嶼地域とインドシナ地域にかぎられるのである」といった例をあげている。また同じく、「ミカン科などの植物では、皮が魚毒に利用されているが、その分布は、インドシナ地域のほかには、日本、カシー山地、マレイなどの、かなりかぎられた地域によっている。日本でみる煮沸によって魚毒をえる方法は、ほかの地域ではあまりみられず、かなり特異な方法であるのかもしれない」という指摘も行っている（松原 1970）。日本におけるミカン科・サンショウ属の魚毒植物であるサンショウの利用例については後述するが、松原が指摘する、ミカン科の魚毒利用が見られる地域の記録について、ここで取り上げておきたい。

　まずは、北はチベット、東はネパールに接する、インドの国境に位置するインド・ウッタラーカンド州の魚毒植物についてである（Nagi et al. 2009）。ナギが報告している魚毒植物をまとめると、表1のようになる。この中には、アオノリュウゼツラン、ネジキのように日本でも見られる植物があるが、日本での魚毒利用の報告がないものも含まれる。

　同様に、東はミャンマー、北はチベット、西はブータンと接しているインド国境のアルナーチャル・プラデーシュ州の有用植物の報告では、魚毒に利用されている植物は、フユザンショウ（実と樹皮）、メシダ科のレディ・シダ（全草）、ネムノキの一種（樹皮）、アカリア科の一種（葉、樹皮）の4種である

表1　ウッタラーカンド州の魚毒植物（Nagi et al.2009 より）

植物名またはグループ	使用部位	魚毒以外の用途
マメ科アカシア属	樹皮	ヘビ咬傷の解毒
ムクロジ科トチノキ属		飢饉のときは実を食用
アオノリュウゼツラン	葉	植物体は生垣、土壌流出防止
ヤナギ科	葉	血止め
アカネ科	実	実は洗濯用にもなる
トウダイグサ科（白魔塔）	樹液	生垣
テウチグルミ		葉は殺菌、殺虫作用
ネジキ		材は燃料
アカテツ科モワ		花と実は食用　イペリットオイルの原料
フトモモ科フトモモ属	樹皮	染料、薬用
フユザンショウ		葉と実は歯磨き剤

という（Wamgpan 2019）。

　南真木人による、インドと国境を接するネパールにおける魚毒漁の研究では、サンショウ属の植物を利用した魚毒漁について、より詳しい報告がなされている（南　1993）。南のフィールドは、カリガンダキ川の支流域にあたる、ネパールのナワル・パワーシー郡、ダージェリ行政村である。マガール語では、魚毒漁のことは、「ビス　カケ」（毒を入れる）と呼ばれる。漁期は雨季にあたる、8月中旬からである。連日の降雨のあと、しばらく晴れがつづいてある程度減水した日に、魚毒漁が行われる。こうした水量が多くなる時期に魚毒漁が行われるのは、本流から30センチ以上になる魚が支流に遡上してくるためであると説明がなされている。また魚毒に使用する、「ビス」が結実する時期にもあたっている。さらに、田植えの終了期にも重なっているとある。なお、「ビス　カケ」には、大量の魚毒を持ち寄る必要があるため、2つか3つの村の共同が不可欠であるという。このマガールの魚毒漁に使用されるのは、表2に掲げた植物である。

表2　マガールが使用する魚毒植物（南1993より）

植物のグループ	マガール語名	使用部位
ミカン科・サンショウ属	ビス	果実、樹皮
ミカン科・サンショウ属	カボロ	果実、樹皮
トウダイグサ科・シラキ属	ミーラム	樹液
所属不明・木本	バージャ	葉、茎
キジカクシ科・クサスギカズラ属	クリロ	根

（＊このうち、主に使われるのはビス。またクリロは魚毒より石鹸に利用される）

　なお、主にサンショウの仲間を魚毒として用いるマガールの魚毒漁において、「魚毒漁でとれた魚はほかのどんな漁法でとれた魚よりも風味があっておいしいといわれるが、その料理はビスの香りがほのかに感じられ香辛料を必要としない」と南が書いており、これは毒を使って魚を捕るという魚毒漁という言葉から持ちがちであるイメージが、画一的なものであることに気づかせてくれる一文ではないかと思う。

1-5 魚毒の伝播

　先に少しふれたように、ボルネオ・イバン族はマメ科デリス属のトバを
トバ、スマトラではアカメガシワ属の植物をトバ、フィリピンではナンヨウ
アブラギリをトバと呼ぶ（松原　1970）。台湾でもタイヤル藩ではドクフジ
のことをトバと呼んでいるとある（金平　1973）。

　このように、広い地域にわたって、魚毒に使う植物に同じ名称が使われる
のは、むろん文化や言語の伝播があったからだと考えられる。

　秋道智彌は太平洋地区の魚毒植物の分布と伝播について調べ、そこに二つ
のタイプが識別できるとしている（秋道　1995）。

　秋道は、以下のように、いくつかの地域における魚毒植物のリストをあげ
ている。

○グアム…1種（<u>ゴバンノアシ</u>）
○サモア…2種（<u>ゴバンノアシ</u>、ナンバンクサフジの一種）
○マルケサス…5種（<u>ゴバンノアシ</u>、ナンバンクサフジ、**タチトバ**、**シイノ
　　キカズラ**、トベラの一種‥学名未詳）
○ニューブリテン…6種（<u>ゴバンノアシ</u>、**タチトバ**、**シイノキカズラ**、トウ
　　ダイグサ科の一種、ムクロジ科の一種A、ムクロジ科の一種B）
○フィジー…9種（<u>ゴバンノアシ</u>、ナンバンクサフジ、**タチトバ**、**シイノキ
　　カズラ**、トベラの一種A、トベラの一種B、サガリバナ、トウダイグサ
　　科の一種、キリンカク）

　上記リストの中で、ゴバンノアシには下線を引き、デリス属の魚毒植物は
ゴチック体にしてある。ゴバンノアシとデリス属は、地域を超えて広く利用
されている魚毒植物であるといえる。このうちゴバンノアシは、名の通り、
碁盤の脚のような独特の形をした果実が海流散布を行うため、太平洋地域に
広く分布している植物である。日本においても、西表、石垣島にわずかに自
生がみられるほか、果実は海流に乗って、広く海岸に漂着することが知られ
ている。ゴバンノアシは、先にグアムでの使用例を引用しているように、果

シイノキカズラ
デリス属のつる性木本。
琉球列島でも久米島や波
照間島などで魚毒として
使用された

実の中の大きな種子をすりつぶし魚毒とするが、かといって、ゴバンノアシ
が分布するすべての地域でゴバンノアシが魚毒として利用されているわけで
もないと秋山は指摘している。例えばマルケサス、タヒチ、ラロトンガなど
ポリネシアでは多くの島々でゴバンノアシの魚毒漁が報告されているが、ミ
クロネシアではトラックやグアムでは利用が報告されている一方、マーシャ
ル、コスラエ、サタワルなどの島々では利用が知られていない。台湾のヤミ
族でもゴバンノアシは魚毒として使わない。

　そのため、秋道は「ゴバンノアシは自然の拡散によってひろい分布をしめ
すが、魚毒として利用されるかどうかは、やはり文化的な選択の問題に帰着
するといえる」としている。

　一方、デリス属の場合、分布も魚毒として利用される地域も、ともに広

い範囲にわたるが、「デリス属植物が、前述のゴバンノアシのように、海流による自然の拡散によってひろがったとはおもわれない」と秋道は指摘している。そして、デリスを示すトバという言葉も、広い範囲に分布していることから、秋道はデリスが人々の移住に伴い、それもかなり初期の頃より、人々に運ばれた可能性を示唆している。なお、太平洋戦争前、商品作物としてデリス属に注目がなされ、台湾での栽培が奨励されたことはすでにふれたが、東南アジアからニューギニア、フィジーに移植され大規模に栽培されるようになったという歴史もあるという。

　秋道は以上をふまえ、ゴバンノアシのように、自然の拡散による魚毒植物の広範囲への分布と、それに伴う人々の利用というパターンと、デリス属のように、人々の利用を伴い、植物自体も人為的に分布拡大したパターンの両パターンがあることを示した。そして、この両者を両極端にしてそのあいだに「多様な文化的選択」があり、実際の分布様式が決まったと考えることができるとしている（秋道　1995）。

　なお、後者のパターンとしては、ほかにナンバンクサフジ属もあげられる。トンガの場合は、フィジーより導入されたようであり、またアジアからマダガスカルに移住した人々を通じて、ナンバンクサフジ属はアフリカに伝播したともある。

　また、トウダイグサ科のナンヨウアブラギリは、もともと中南米原産であったが、スペイン時代に太平洋を横断したガレオン船により、フィリピンなどに伝播している。そのうち、フィリピンでは魚毒として利用されるが、フィジーでは毒としては利用されていない。そのため、秋道は「人為的に導入されたとしてもかならずしもある魚毒植物が魚毒に利用されるとはかぎらない」としている（秋道　1995）。

　以上のように、魚毒植物は野生植物を利用する場合と、栽培植物を利用する場合がある。また在来の植物を利用するだけでなく、移入、導入された植物を利用する場合もある。魚毒植物に栽培植物がみられることから、松原正毅は、「タイ、マレイ、ボルネオなどは魚毒使用がとくにさかんな地域であるが、これらの地域で、魚毒用の植物を積極的に栽培または半栽培の状態においている現象は、かなり注意すべきことのように思う。すなわち、魚毒がある積極性をもって、さかんに使用されだされたのは、農耕（東南アジア地

域では根栽農耕が想定される）がはじまってからである可能性が、考えられるからである」（松原 1970）という指摘を行っている。

1－6　魚毒の成分

　ここまで、世界各地で使用される魚毒植物について、ざっと紹介を行ってきたが、一体、植物に含まれるどんな成分が、魚を麻痺させたり、死亡させたりするのに働くのであろうか。

　植物体に含まれる毒成分には、アルカロイド、サポニン、配糖体、酸、塩基、苦味成分など（秋道　1995）があり、魚毒の成分としてはロテノン、クマリン、キノン、リグナン、テルペノイド、アルカロイド、サポニン、ポリアセチレンなど多様な成分の名を列挙することができる（河津　1972）。

　これら、魚毒成分の研究の古典として名をあげることができるのは、第一にロテノンであり（河津　1972）、これはジョフロアにより、南米・ギアナ産のマメ科植物、ロンコカルプス・ニコウ（*Lonchocarpus nicou*）から取り出され、1895 年に発表された。ロテノンはミトコンドリアの電子伝達系の働きを阻害することで魚を窒息死させる（安渓　1982）。一方、ロテノンは消化器系からは吸収しにくいという特性があるため、ロテノンにより麻痺、死亡させた魚を食べることが可能である。ロテノンはマメ科に多くみられる魚毒成分で、デリス属にもロテノンが多く含まれている。

　先に、台湾のドクフジの魚毒使用に関連して、台湾のデリス属の栽培について触れたが、第二次世界大戦中の 1944 年に、その名も『デリス』と名付けられた単行本が出版されていることからも、その当時は、デリス属への注目度が高かったことがわかる（宮島　1944）。以下に、『デリス』の冒頭部に書かれている内容の大意を一部、紹介する。

　「デリスの最古の記録として、1747 年、ルンフィニウスが魚毒利用について記している。また、デリスは魚毒としての利用だけでなく、様々な害虫に効き目があり、かつ無機薬剤とちがって薬害がないという利点がある。特に屋内害虫（ほふく性のもの）についてはいかなる他の剤にも勝る特効があり、人類生活に多大の貢献をなしつつある。

　デリスは防虫剤として重要であるが、第二次大戦の勃発当初、シンガポー

ルなど、南方からのデリス輸入がとだえるようになり、そのため台湾におい
てデリスの植栽が増進されるようになった。なお、デリスのことをマライ語
でトバ、ツバというのは、古来、捕魚の目的のために河川、池等に流し、あ
るいは狩りの矢毒に利用していた植物の総称である。そのトバの中でもっと
も顕著な効果を有しているのがマメ科のデリス属の植物である。デリスには
種々あるが、有効成分が多いのは *D. elliptika* と、*D. malaccaensis* である。前者
はハイトバ（注：現在はトバという和名となっている）、後者はタチトバと
いう。毒成分で最も重要な成分はロテノンだが、デリス根から単離された物
質は二十余種もある」

　なお、南米、エクアドルでは魚毒植物及び漁は、バルバスコと呼ばれる。
このバルバスコとは、ラテン語（varbasucum）に由来し、この言葉は、プ
リニウスの博物誌で魚毒性をもつ薬用植物の仲間に端を発している（Bearez
1988）。つまり最古の魚毒記録であるアリストテレスの記述に出てくるモウ
ズイカがバルバスコの名の元となっているわけである。南米でバルバスコと
して使われる植物（マメ科・ロンコカルプス属、同・ナンバンクサフジ属な
ど）の魚毒成分も、名の由来となったモウズイカの魚毒成分も、共にロテノ
ンである。

　ロテノンと並んで、魚毒植物のもう一つの代表がサポニンである（Bearez
1988）。サポニンには、赤血球中のコレステリンと結合して強い溶血性を持
つ溶血作用がある（安渓　1982）。本書冒頭で紹介した、石垣島・白保で魚
毒として使用されたツバキ科のモッコク、3章以降で紹介する、琉球列島で
広く魚毒として利用されてきたツバキ科のイジュ、サクラソウ科のルリハコ
べなどの成分が、このサポニンである。なお、サポニンも含んでいる植物に
よって、魚毒などの効果には違いがあり、例えばモッコクが速効性、チャノ
キが遅効性、ツバキとセンノキが中間型であるという（佐伯　1966）。

　このほかの魚毒植物の成分としては、ナワトキノン（クルミ）、ジテルペ
ン（サンゴジュ）、リグナン（キツネノマゴ）などがあげられる。このうち、
台湾澎湖島で使われるケバノキツネノメマゴの成分、リグナンは大変強い毒
性があるが、昆虫やマウスに対してはほとんど毒性が認められないとされて
いる（河津　1972）。なお、南米ボリビアではトウダイグサ科のスナバコノ
キが魚毒として利用されていて、この成分はジテルペンであるという（河津

1972)。

　他にも、刺身のツマに使われるタデの芽には辛味があることはよく知られているが、タデの仲間も魚毒として利用されることがある。このタデの辛味はポリゴジアールで溶血活性がある。また、先に世界の代表的な魚毒植物の名をあげている文献の中で、ホソバミズゼニゴケというコケ植物の名があげられていることが目を引くが、このホソバミズゼニゴケはサキュラタールを含有し、辛味がある。このサキュラタールはポリゴジアールと同様、強い魚毒活性を示す（浅川　2014）。

1－7　魚毒漁の起源に関する仮説

　世界の魚毒漁について包括的な紹介を行っているハイザーは、魚毒漁の起源についても推論を行っている (Heizer 1953)。ハイザーは例えば「ギリシャ、ローマの貧しい人々やキニク学徒はルピナス入りのパンを作ったが、その毒抜きのため、よく煮た豆の外皮を剥いて、浅い海水にひたした」という例をあげ、こうした行為が、植物の含まれる成分により、魚が麻痺するという魚毒漁の原理の発見につながったのではないかとしている。また、「先住民はサポニンを含む植物を石鹸として広く使う。またサポニン植物は魚毒としても普通。ただし石鹸として使用される植物が、魚毒として使われるかどうかは聞かない」としながらも、植物を利用した洗濯が、魚毒漁の起源になったのではないかということも示唆している。

　実際、魚毒植物は、魚毒漁の為だけに利用されているわけではなく、「魚毒植物利用の重層性」については、様々な例があげられる。例えばデリス属はニューブリテン島では殺虫剤のほか、自殺用の毒薬としても、もちいられる。デリス属のつるは、トラック諸島では丈夫なロープ材であるし、八重山でも綱引きの綱に、デリス属のシイノキカズラのつるを利用している。また、マレーシアでは、ヤマノイモ科のヒラトゲドコロを魚毒として利用するが、この植物のイモは、あく抜きすれば食用ともすることができる。太平洋地域で広く魚毒植物として利用されるゴバンノアシも、カロリン諸島では薬用とされるし、サタワル島ではゴバンノアシの幹はカヌー用材とし、グアムでは、繊維質の実は漁網用のうきとする（秋道 1995）。

魚毒の成分がサポニンである場合も多いのだが、植物体に含まれるサポニンは、水溶液を泡立て洗濯に利用される成分でもある。ゴバンノアシの魚毒成分はサポニンであり、マダガスカルでは種子を石鹸として利用する（秋道　1995）。また、ユリ科の、その名もソープルート（石鹸根）は、根に有毒なサポニンを含み、カリフォルニアインディアンに魚毒として利用された（Bearez 1988）。

　こうした重層的な利用から、魚毒の起源に関して、樹皮布（繊維質の樹皮を叩いて布とするもの）の制作と関連して発生したというサウアーによる仮説も提出されているが、松原はこの仮説には同意できないとし、代わりに植物を水にさらすことで有毒成分を流し去り、食用とする、水さらし法と魚毒漁の起源に関連があるのではという新たな仮説を提唱している。その根拠の一つとして、魚毒に利用されるものには、デリス属のように根を利用する場合が多く、一方で、クズのように根に含まれている澱粉を利用する場合に水さらしを行う場合があることをあげている。植物体を叩き潰し、水にさらし、毒を抜いて残った澱粉を利用する場合と、同じく毒を抜いて、その毒を利用する魚毒の場合は、ちょうど裏表の関係にあるというわけである。ただし、松原は魚毒の起源をすべてこの水さらしにあると提唱しているわけではなく、「あんがい、魚毒の起源のひとつに、この水さらし法が媒介になったものがあるのではないか、ということを、ここで指摘しておきたいだけである」としている（松原　1970）。

　さらに秋道は、「魚毒の起源をさぐることはじつはたいへんむつかしい」としつつ、樹皮布作成や、澱粉の水さらし法も含め、様々な「たたき洗い」の文化が、魚毒漁につながっているのではないかという「たたき洗い」説を提唱している。

　秋道によるたたき洗いの生活技術というのは、樹皮布の作成や、クズやヤマノイモ、ウバユリなどの植物の根部に蓄えられた澱粉の利用時に加え、ドングリなどの堅果やサゴヤシの幹に含まれる澱粉を利用する際、さらには太平洋諸島で利用が見られる、コショウ科の植物体を叩き、飲料を作成するカヴァ酒、トリモチ作成、石鹸や染料、そして薬用としての利用時などにも、広く植物を叩き潰し、水を媒介として加工する技術の総体のことである。

　そうした「たたき洗い」という生活技術の中に、魚毒も含まれるというわ

けである。秋道は、これら「たたき洗い」としてまとめられる生活技術は、「その中核に、『くだく』と『洗う』という技法をふくむ点でたいへんにていることがわかる（中略）つまり、類似した動作をともなう技術が、たがいに影響をおよぼしあっているのではないかとかんがえたいわけである」としている（秋道　1995）。

　植物体を叩き潰すという利用技術・文化は、直接的な物証が遺跡から得られることが難しいため、今後も魚毒の起源をはっきり解明するのは、困難であるだろう。ただし、秋道も書いているように、いくつもの生活技術が、互いに結びついて発達してきたことは間違いないことのように思える。また、魚毒植物は重層的な利用がなされてきたことも確かだ。魚毒漁も、魚毒植物も、単独では存在しえない。その地域の自然や、人々の生活技術・文化と密接に結びついたものとして存在してきたものである。逆に言えば、魚毒漁に注目することで、その地域の自然や、人々の生活技術・文化を逆照射することも可能であるかもしれない。

　次章では、日本本土の魚毒漁について、どのようなものであるのかみていくことにする。

2章
日本本土の魚毒漁

2－1　毒もみの好きな署長さん

　国民的な作家の一人と言える宮沢賢治に、「毒もみの好きな署長さん」という短編がある。

　物語の舞台となる、プハラという町には川が流れていて、その河原のところどころには、細長い沼のようなものがある。これは昔の川の流れた跡で、ドジョウやナマズ、コイやフナ、ハヤといった魚がたくさんいた。

　この国の第一条は「火薬を使って鳥をとってはなりません。毒もみをして魚をとってはなりません」というもの。毒もみというのは、サンショウの皮を乾かして、臼でよくつく。それに、モミジの木を焼いてこしらえた木灰とまぜて袋に入れて、水の中へ手でもみだし、魚を捕ること。そして、この国では、この毒もみをする者を捕まえるのが、警察の一番大事な仕事だった。そこに新しい署長さんがやってきたのだが、次第に、あやしいうわさが流れるようになり、結局、この新署長自らが毒もみをしていたことが判明し、最後は裁判にかかって刑を言い渡されるという、不思議な内容の短編である（宮沢　1979b）。

　物語の解釈は置いておくとして、このような作品が書かれたということは、賢治の生きていた当時、岩手には、毒もみと呼ばれる魚毒漁があったことがうかがわれる。

　賢治には、他にも魚毒が登場する短編がある。それが「さいかち淵」である。該当する部分を引用すると、以下のようになる。

　「しゅっこは、今日は毒もみの丹礬をもってきた。あのトラホームの眼のふちを擦る青い石だ。あれを五かけ、紙に包んで持って来て、ぼくをさそった。巡査に押へられるよと云ったら、田から流れて来たと云へばいいと云っ

た。けれども毒もみは卑怯（ひけふ）だから、ぼくは厭（いや）だと答へたら、……（以下略）」
（宮沢　1979a）

　「しゅっこ」と呼ばれる登場人物が魚毒として利用しようとしていた丹礬（たんばん）とは、硫酸銅を含む農薬のことである。

　この作品の存在も、賢治の時代に、魚毒漁が身近な存在であったことを裏書きする。一方で、「毒もみの好きな署長さん」にせよ、「さいかち淵」にせよ、魚毒漁が禁制に触れる存在であったと認知されていたこともうかがわれる。

2 - 2　伝承の中の魚毒

　各地に伝わる昔ばなしの中にも、魚毒は登場する。
　柳田國男の手になる「魚王行乞譚」に、そうした例を見ることができる。柳田が紹介している例の一つは、1742（寛保2）年の序文のある「老媼茶話」という書に載っている会津地方の伝承である。

　慶長16年のこと。殿様が只見川で毒流しを試み、領内の百姓に命じて、「柿澁薤山椒（カキしぶ、ニラ、サンショウ）の皮」をついたものを家から差し出させた。そのとき、藤という山里へ、夕刻になって旅の僧が宿を求めてやってきて、僧は宿の主を呼んで、毒流しのことを語りだした。
　「命を惜しまないものはない。ところが明日、この川に毒流しがなされるということである。これはいったい、何の益があることか。その筋に申し上げて止めていただけないか。それこそ、大きな善行である。魚やカメの死骸を見たとしても殿様のお慰みにもならないだろうに、本当に必要のないことをされる」と深く嘆いた。
　宿の主人も僧の志に感じ入り、また話ももっともなことだと思いながら、「もはや毒流しも明日のことであるうえ、私のようないやしきものが申しあげてもお取り上げ下さることはないでしょう。先だってはご家老たちもお諫めになったものの、ご承知されなかったと聞いております」と答え、「貧乏で何も差し上げるものがありませんが、こんな物でもよければ召し上がり下さい」といって、柏の葉に粟飯を盛って、僧をもてなした。
　夜が明けると、僧は愁いを帯びた風情で立ち去った。村ではいよいよ、

用意した毒を運び、それを川上から流し込む。すると無数の魚が、ふらふらと水面に浮かび上がる中に、長さ１丈４、５尺の大鰻が一匹出てきて捕獲された。その鰻の腹があまりに大きいので、皆が怪しみ腹を裂いてみると、中から粟飯がでてきた。そこで、宿の主人が昨晩のことを仔細に語り、僧に化けていたのは、この大鰻であったかということになった。

　このような伝承である。

　また、美濃恵那郡の川上・付知・加子母の三カ村では、イワナが僧に化けて出てくるという伝承があるということも、柳田は紹介している。この伝承においても、谷川で毒もみをしようと相談していた若者たちが、毒もみに使うサンショウの皮と石灰と木灰を煮詰めて団子にしたものを用意しているところに、何処からともなく僧がやってきて……と、ほぼ会津に伝わる伝承と同様の内容の話が紹介されている（柳田　1968）。

　こうした伝承から、日本各地で魚毒漁が行われていたこと。さらに魚毒漁は、たとえ領地の殿様の命じた場合であっても、どこか「うしろめたい」ものであると考えられていたことが伝わってくる。

　なお、「毒もみの好きな署長さん」でも、会津の伝承でも、使用される魚毒はサンショウである。「毒もみの好きな署長さん」では、サンショウの皮を搗いて、モミジを燃やした灰と混ぜたものが魚毒とされる。会津の伝承では、サンショウのほかに、カキ渋やニラが使われ、美濃の伝承では、サンショウに石灰や木灰を混ぜ、煮詰めたものが使われるとある。では、実際、日本各地の魚毒漁はどのようなものであったのだろうか。

２－３　魚毒漁の聞き書き

　秋田県・大館における魚毒漁について、以下のような話を聞き取っている。

　話者は 1915（大正４）年生まれの方の子息であり、父親から聞いた話を語ってくれている。

　「その植物を使用して漁をするのは、親父が尋常小学校当時、90 年ほど前ですが、秋田県北秋田郡下川沿村（現：大館市川口）でも一軒のみで、名前は忘れたけれど、その人しかできなかったとのことです。採集したその植物

の根を石で潰してザルに入れて、川の上流で揉み込むと、ほどなく弱って失神した魚（フナ、ウナギ、ナマズなど）が浮いてくる。魚が浮くと、その漁をしている家族が手づかみで拾い上げるとのこと。その家族は3名で行動する。一人が揉んで、後の二人が魚を拾う。その川（鳴滝川）の中流部にある我が家の敷地内には、誰も入ることができないから、その家族が漁をしたときに、我が家の敷地内では、親父が弟3名と一緒に魚を拾い上げた。一回の漁で数十匹の収量があった。

　我が家の先祖は1602年に当地に住みつき、私の息子で13代目、400年以上、ここに住んでいて、戦後に地主崩壊で資産が無くなるまでは結構羽振りのよい豪農だった。親父の頃にはまだまだ隆盛期で、祖父は村長であるし、村人は当家敷地内の川には手を触れられないから存分に魚を拾ったとのこと。それでも全部拾い上げることはできないので、さらに下流の人たちが皆でおこぼれを拾っていたということのようでした。漁をするのは年四回ほど。川に入っても足が凍えたり、冷たくならない時期であった。魚影が濃くなり、毒を入れる時のタイミングは、その家族が決める。事前に村人に知らせることはなかった。ほとんどは川で遊んでいる子供たちが異変に気付き、エキサイトして、やがて村人皆が集まってくるということだったようです。

　漁に使う、その植物は、漁をする特定のその人だけが扱える毒草で、生えている場所は誰にも教えなかったそうです。親父が高等科に入る前まで魚を捕っていたけれど、入学してからは参加しなくなった。その後いつまで漁が行われていたかはわからないということでした。また、親父はその植物はトリカブトだと聞いたものの、それを教えてくれたのは、漁をする本人ではなかったので、トリカブトではないかもしれない。ただし、親父はずっとトリカブト漁法だと思っていたとのこと。その草で漁をしていた家は、家系が絶えてしまっているようで、現在の消息は不明。親父がその漁を経験した時期は、1925年から数年間のようです」

　魚毒に利用されていた植物の正体がわからないという、どことなく謎めいた、伝承を思わせるような話であるが、日本では、魚毒漁は1952年施行の「水産資源保護法」により完全に禁止になっているため、現在、魚毒漁についての聞き取りを行う場合、半世紀以前に行われたものを聞き取ることになり、多少なりとも伝承っぽくなってしまうことはいなめない。また、私自身の調

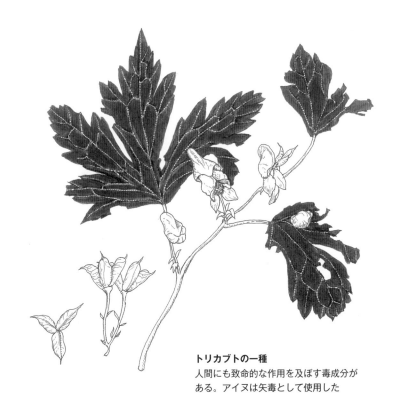

トリカブトの一種
人間にも致命的な作用を及ぼす毒成分が
ある。アイヌは矢毒として使用した

査のフィールドが琉球列島であるため、本土の話者から、直接、魚毒漁につ
いての聞き取り調査を行えていない。研究者の調査報告や、各地方の民俗誌
などの文献上にみられる魚毒漁について、以下にざっとみていくことにする。

2-4　日本本土の魚毒漁の概要と特色

　トリカブトの毒を矢毒として利用していたことがよく知られるアイヌであ
るが、魚毒漁については、文献では、「（オニグルミ）本州ではこの木の皮や
葉、あるいは外果皮をつぶして川に流し、いわゆる毒流しの方法で魚をとっ
た。この方法がアイヌの漁法にもあったらしいといわれているが、これは何
かの誤りであろう。水の神の住む川に毒を流すという不敬なことをするはず
がなく、次のような神話（引用者注：魔人の子供がクルミで作った矢を川に

射て魚を苦しめたため、神が清らかな川を取り戻し、サケが戻ってくるよう
になったという神話）もそれを証明している」と、否定的な記述がみられる
（更科　1976）。

　上記に本州ではオニグルミが魚毒に使われたとあるが、サンショウの他に、
オニグルミも使われていたことに関して、長澤武は「（オニグルミ）の葉、皮、
果皮は魚に対して有毒物質を含んでいて、渓流魚の『毒流し漁』がこれを使
って行われていた。（中略）クルミの実が熟する前の青ぐるみのころ、この
果皮や葉や小枝を採ってきて、これにサンショウの皮を混ぜて臼でつき、細
かくしてから鍋で煮つめ、だんご状にする。これをもみ壊しながら流れに流
す」（長澤　2001）と著書でサンショウと合わせた使用についての例を紹介
している。

　また、サンショウを主に使った魚毒漁に関しては、「真夏の渓流の渇水期

オニグルミ
日本本土で果皮、葉、樹皮、
根などが魚毒として使わ
れた

35

のころを見はからい、サンショウの木を伐ってきて皮をはぎ、細かく切って
ソバ殻を焚いた灰（他の灰ではダメ）を混ぜてどろどろになるまで一晩煮詰
め、これを木灰でこねて握り飯くらいな大きさのだんごにする。これを流れ
の中でもみほぐしながら水に溶かして流す。（中略）富山県宇奈月町の愛本
辺では、サンショウは皮をむいて臼でつき、灰を混ぜて流すだけで結構イワ
ナやアマゴ（サクラマスの仔）が獲れたという」という例を紹介している。

　このほかに日本本土で魚毒植物として利用されるものとして、「フジウツ
ギ（フジウツギ科）も有毒植物で、漢字で酔魚草と書き、ドクナガシグサと
呼んでいる地方もある。地上部の全草を採って、河原の石の上で細かく砕い
て川に流すだけでよいという」を挙げ、加えて、エゴノキも実を魚毒とする
が、エゴノキは果皮をつぶして流すと水が白濁するので、関東ではコメミズ
と呼んでいる地方も多いとしている（長澤　2001）。

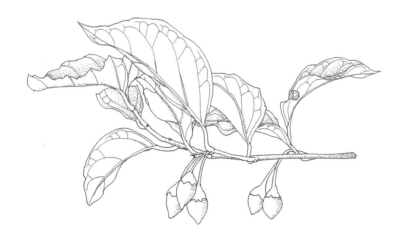

エゴノキ
実にサポニンを含み魚毒となる。本土では
よく使用された魚毒植物だが、琉球列島で
は分布していても魚毒としない島もある

　長沢利明は日本各地の魚毒漁の文献調査と、後述するように久米島におけ
る魚毒漁の聞き取り調査から、日本全体の魚毒漁についての概観について記
述している。長沢によれば、本州〜九州でもっとも広く利用されてきた植物
は、サンショウ、クルミ、エゴノキ、カキ（柿渋）などであった。秋田県下
では、サンショウを用いたナメ流し、アメ流しと呼ばれる魚毒漁がことにさ
かんであったという。

　「サンショウとクルミとが混合的に用いられる場合もあって、長野県下で
は熟する前の青グルミの果皮・葉・小枝などに、サンショウの樹皮を混ぜて
臼でつき、細かくしてから鍋で煮詰め、団子状にして、それを揉み壊しなが
ら渓流に流すという方法があった」

　「千葉県の手賀沼周辺では、夏に“ジシャ”の実をつぶしてカマス一杯に
詰め、」まいたという事例も紹介されている。長沢によれば、これはおそら
くエゴノキであろうとしている。また、佐倉市では、ジサ（エゴノキ）の実
にサンショウの実を混ぜて潰し、さらに灰を混ぜて魚毒としたという例もひ
いている。

　長沢が日本本土で利用されていた魚毒植物として、サンショウ、クルミ、
エゴノキ、カキ以外に名をあげているのは、「オニドコロ、ネムノキ、イヌタデ、
カマツカ、ツバキ、サザンカ、チャノキ、センニンソウ、フジウツギ」など
である。

　そして、これらから、「日本本土の魚毒植物は趣向性のうえから見れば一
見、非常に多様性に富んでいるかのようにも見える。しかし、何といっても
その主流はやはりサンショウ・クルミ・エゴノキ・カキなのであって、（中略）
日本本土の魚毒漁植物は基本的に、サンショウ・クルミ・エゴノキ・カキ型
のパターンのもとにとらえることができるのであり、それがこの地域の環境
特性の共通指標となりうる」（長沢　2012a）としている。

　なお、私は島根出身の話者の方から、「イヌザンショウの根の皮を潰して
魚毒にした」という話を聞いたことがあり、長沢が名をあげている主な魚毒
植物以外に、限られた地域で利用されていた魚毒植物は、他にもあるだろう
と思われる。

　また、先に長沢が名をあげている魚毒植物のうち、フジウツギは江戸時代
の百科事典である『和漢三才図絵』（寺島　1991）にも酔魚草の名とともに、

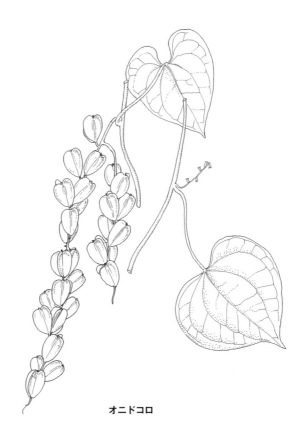

オニドコロ

「漁人は花や葉を採ってこれで魚を毒すると、魚はことごとく疲れ苦しんで死ぬ。池沼の辺りには植えてはいけない」と記載されている。

2－5　日本各地の魚毒漁の例

　文献から得られた、日本各地の魚毒漁の事例を列挙する。

○青森県　西津軽郡深浦町大山
　魚毒漁は、ナメ流しと呼ぶ。準備をするのは女性の役割。魚毒漁が行われる時期は、盆前の渇水期である。使われる魚毒はトコロ（オニドコロ）。掘り取ったトコロの根を石でたたいて、そこに灰を混ぜる。そうしてできあがっ

た毒をいれたカマスを川の中にならべて、村中の男女で踏み、毒を川に流す。
この漁で捕れるのは、アユ、ヤマメ、イワナで、捕れた獲物は均等に分配す
る。このナメ流しは盆前の一度だけ行うものであり、魚毒漁を個人で勝手に
行うことは許されなかった（野本　1991）。

○山形県　朝日村田麦俣
　年に2回だけ毒流しによって渓流魚を捕った。クルミの根の皮を干して叩
いたものをむしろに包み、川に漬けて踏む。魚毒漁は、アメモミ、アメ流し
と称し、村中で参加した。得られるのはマス、ヤマメ、イワナ、ハエといっ
た魚である。行われるのは、8月のある一日（二度、行われた）。この時期
は一年で川の水がもっともよく枯れる時期にあたる。捕れた獲物は均等に分
配した。また、村で行う2回以外、勝手に毒は流してはいけないとされてい
た（野本　1991）。

○山形県　小国町桶倉
　8月13、24日に渓流魚の共同漁撈を行っていた。これは、村中総出で行
うもの。前者は盆に行われるものなので、盆魚と呼ぶ。後者は神社の祭りに
行った。対象はイワナ、ヤマメ、カジカ、アユなど。毒はトコロ（オニドコ
ロ）の根を砕いたものと、クルミの葉、クルミの実の皮を使った。捕れた獲
物は村中で共食し、酒を飲んだ。毒流しはこの時期だけで、ほかは禁止され
ていた（野本　1996）。

○新潟県　妙高村・関山
　「トコロは胃にいいといって、掘ってきて食べる人もある。もとはトコロ
や、クルミの外皮の青いのを川上で踏んづぶして魚をとった」……という話
を聞いたことが紹介されている。また、同じく新潟県の例として、「越後中
頸城の岡沢へ行ったらトコロたんとあったで、トコロッフミやった。トコロ
を掘って、水車で搗いて俵へ入れ、川頭で踏むと泡モックモク出て流れてく。
この苦い水で魚が一時死んで浮く。イワナが主だった。2、3時間もすれば
生き返る。"トコロ踏んだど。泡出たど"って、近所中、女衆も出て魚拾う」
という話の紹介もなされている（宇都宮　1970）。

○静岡県　静岡市

　(峰山)：毎年6月祇園の前日、サンショウとコハゼの皮をしぼって毒をつくり、毒流しをした。

　(函南町馬坂)：盆の前後に、部落総出で毒流しをしてヤマメをとった。サンショウの皮を煮だし、それに炉の灰を混ぜたものを、布とこもで包んで、山中の川の中で踏んだ（野本　1987）。

○岡山県

　(阿波村)：ヨシカワと称する毒流し漁があった。魚毒には、サンショウを煮たものを灰と混ぜて流した。

　(美星町)：アセビ、ノブの皮を叩いて、灰と混ぜて流した。サンショウの実をすり潰したものも使用され、のちにはデリスコも使われた（菊池2003）。

○宮崎県　椎葉村

　焼畑が行われていた集落として有名な椎葉村の植物利用について書かれた文献には、コヤスノキ（エゴノキ）の説明の中で、「"あれが実をとって川上にもっていってたたいたら、魚は全滅するそうです。ほかのものは何もいらん、この実だけでいいとですよ。昔、おじいちゃんたちがしおったから"（中略）サンショウを同時に使ったり、ネムの花と混ぜてたたき、釜で煮汁をつくって、それを川に流す所もある」という記述がみられる（斎藤　1995）。

　このほかに、長沢は「山椒の木の皮をむいたものや、山椒の実・葉を大釜でゆでたあと、臼でつき、すっかり冷えるまでそのままにしておき、それにイロリの灰を混ぜて練る」（神奈川）や、「山椒流し。高野町中筒香や西富貴で行われる。西富貴では毒流しとも呼ぶ。山椒の樹皮か実を煎じた汁を川に流す」（和歌山）といった事例を文献から引いて紹介している（長沢2006）。

　日本本土の魚毒漁の特徴としては、サンショウを主体とした魚毒が使われることがあげられるわけだが、サンショウやクルミのほかに、オニドコロを

使う例もしばしば見受けられる。また、次章以降の琉球列島の魚毒漁との比較を行った場合、はっきりするが、本土では魚毒には灰を混ぜることがよくあること、またサンショウなどを主体とした魚毒を加熱する作業が含まれることがあることなどがわかる。また、魚毒漁を行う場所は河川であることが、各地で共通している。魚毒漁は村中総出で年の中で決められた日のみに行われ、それ以外、魚毒の使用を禁止している場合と、そうした取り決めがなされていない場合があることもわかる。なお、決められた日に魚毒漁が行われる場合は、盆などの年間行事と関わった日であるか、渇水期という自然状態と関連しているかという、どちらかについての説明がなされている。

2－6　木の実の利用と魚毒

前章で、魚毒の起源と関連し、秋道の「たたき洗い」説を紹介した。植物利用で、毒を抜いて食用とする技術と、毒を抜いて、抜いた毒を利用する技術には共通点があるが、その例として、トチノキの実の利用について取り上げたい。これも前章で取り上げているように、ハイザーの世界各地の魚毒植物のリストの中には、カリフォルニアでのトチノキ属の利用があげられている。また、インドのウッタラーカント州においてもトチノキ属が魚毒として利用されている報告がある。日本のトチノキにはサポニンが含まれているが、おそらく海外のトチノキ属の植物にもサポニンが含まれており、これが魚毒として利用されるのであろう。しかし、日本ではトチノキは魚毒に利用されることはなく、毒であるサポニンを抜いて、実を食用とする。この毒抜きにはかなりの技術が必要とされることが、木の実の利用を広く調査した松山利夫の著作から読み取れる。

例えば、石川県・白山山麓の五味村の場合の、トチノキの実の毒抜きの過程は、次のようである。

拾ってきた実はすぐに桶の水に七日ぐらい浸す。その後、取り出し、数日乾燥させ、保存する。トチ餅をつくる際には、この乾燥した実を、桶にはった熱湯に、まる一日漬け、戻す。その後、湯であたためながら、小型の槌で軽くたたき、一つずつ、割りながら殻をむく。アク抜きをするには、殻をむいた実を布袋に入れ、川の中に15日ほども漬ける。川の中に漬け、1～

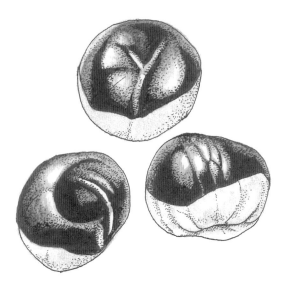

トチノキの実
サポニンを含むためそのままでは
食用にできないが、アクを抜き食
用とする文化が各地にある

2日すると、サポニンによる泡がでる。泡が出なくなるまで流れに浸した後、
実を大鍋にうつして3〜4時間かけてゆっくりと煮る。途中、水が蒸発する
ので、水を足しながら煮ていく。同時に、イロリの木灰を鍋に入れ、熱湯を
加えて灰汁をつくる。木灰は、餅につくろうとするトチと、同じだけの量が
必要とされる。煮て熱いままの実と、灰汁を桶の中で混ぜ、一日放置する。
翌日とりだしてザルにいれ、灰を洗い流す。そのあとは、もち米とまぜて蒸
し、搗いて餅とする。このように、「じつに長い日数をかけてつくられる餅で、
だからこそ正月にこれを供するには12月はじめから準備する必要があった」
と書かれている（松山　1982）。

　さらに、飛騨地方・飯島の場合、同様にトチノキの実のアク抜きの過程を
紹介しながら、さらに細かな技術の必要性について松山は指摘している。拾
ってきて、水に浸した後、乾燥したトチは熱湯に漬け、もどすわけだが、「な
んの変哲もないこの作業にもじつは長年の経験を必要とした。なぜなら、桶
の湯の温度とそこへ実を浸しておく日数とは、貯蔵されていた期間の長短や

実の乾き具合によって一定していなかったうえに、これを誤ると、皮をむいても内側にある渋皮が一緒に取りのぞけないから」なのだという。また、アク抜きのため、川の中にトチノキの実をつける時も、「一週間にもわたって流水に浸しつづけたトチが、よく"つかった"かどうかは、袋の実を手で混ぜたときの泡の出具合で判断する。泡が出なければよく"つかった"と判断する。それでも不安な場合には、袋の中のトチを二つ三つとり出して割り、その色の変化を調べる。まだ黄色ければ充分に"つかっていない"とされ、さらに数日流水に浸しつづける」といった判断が必要とされる。この後に必要とされる加工工程の中の灰汁を加える際も、「（アクがぬけたか確かめるには）灰汁につかっている実を三つ四つとってイロリの火で焼いてみる。実がベタベタつぶれればよいとされ、そうならずに形を保ったままの場合はアク抜きが不十分であると」され、つまりは、「以上のように、たいへん複雑でしかも高度な技術と長い日数を費やしてつくったトチモチは、（中略）姑から嫁へ、母から娘へと継承されてきたこうした技術の存在を必要としたのである」と松山はまとめている（松山　1982）。

　伝統的な技術の受け伝えの一端を示す好例であろう。このトチノキのアク抜きに関して、松山が興味深い例も紹介している。

　奥美濃・渡久山村門入のトチノキの実の、川でのアク抜きにまつわる事象である。

　「門入では最近、川の水をひいた池で鯉を飼う家が多くなっている。そのため、トチを浸す場所は、以前にも増して慎重に選ばなければならない。真偽のほどは不明だが、水に浸したときに出る大量のトチの泡が池に流れこむと、鯉や金魚が死ぬといわれているからである」

　はからずも、トチノキの実のアク抜きが、魚毒として働いている例であるだろう。秋道の「たたき洗い」説を支持する一例であると言えるのではないだろうか。

2-7　本土におけるデリス属の魚毒利用

　以下のような、魚毒漁に関わる思い出を、山口県・錦町の話者（1941年生まれ）から聞いた。

「魚毒には、チナリというが、エゴノキの実をつぶして使う。あとゲラン
というのがあった。それとヨモギとかもつぶして。谷にまくんよ。そうする
と、ヤマメが多いから、浮いてくるんよ。誰かが入れたと。最初に入れた人は、
大きいのを捕ったら逃げる。警察がくるから。で、残りの小さい奴を拾いに
行くわけ。小学生のころだったから、ゲランというのが、何だったかわから
ん。何だったかと思う。アカザは刺すけど、あれは煮たらおいしんよ。岸よ
りの石をはぐったら、そこにおったよ。ギギも大きいのおったよ。あとゴマ
ウナギ（オオウナギ）がおいしかった。ツガニも捕った。チナリとかをやる
のは土日。警察は休みだから、土日あたりにやるんよ。小さいせせらぎでヨ
モギをつぶすと、魚が浮かんでくる。すぐに薄まってしまうけど」

　話を聞いた当初は、話の中に登場するゲランが、何を指すのかがわからな
かった。が、やがてこれがデリス属のことを指していることが判明した。デ
リス属、特に栽培されるトバは、熱帯地方が原産の植物であり、戦時中は台
湾で栽培が奨励された。戦後になって一時期、沖縄でも栽培がなされたこと
があり、現在も沖縄島や石垣島、西表島などでは野生化したトバを見る機会
がある（鹿児島県の沖永良部島などでもトバの栽培がなされたことは、次章
以降の聞き取りの記録の中に登場する）が、本州では栽培は困難であるだろ
う。一方、デリスは農作物の害虫の防除用の農薬として、粉末製品が流通し
た時代があり、上記に登場するゲランは、地域でトバを栽培していたわけで
はなく、粉末となった製品を利用していたのだと思われる。また、ゲランと
いう名も、この製品の商品名である（注）。

　ゲラン（つまり、デリス属の製品）を使った魚毒漁が、一体、いつからい
つまで、どの地域で行われていたかについては、明らかにできていない。文
献上では、先に紹介した岡山の事例（デリスコ）の他、以下のように、宮崎
においてデリス属（ただしこの場合は根）を使用した例が知られている。

〇宮崎県
「ゲランナガシは、農作物の害虫駆除に用いる植物の根を石でたたいて白
い汁を流す漁法で、これに石灰を混ぜて使う。うなぎ・はや・はぜなどをと
るが、魚族の根絶をきたすので、その害がはなはだしい。このほかに、さん
しょうの木の皮、または実を釜で煮ると、どろどろになる。それをかますに

入れて、川の中で踏みつけながら中の汁をしぼり出して流したり、ヤマタデ（山蓼）の実をくだいて炭を混ぜ、谷川に流したり、柿のしぶを流す（あゆをとる）。さざんかの実で油をしぼりとり、その粕を煎じた汁を流したりもした。コヤスの木の実・煙草のやに・つばきの油粕なども有毒物質として用いられた」（田中　1973）

　文中のコヤスの木の実とは、エゴノキの実のことである。なお、この文献の記述に見られるように、宮崎では魚毒漁のことをゲランナガシと呼んでいたこととあわせて、九州大学宮崎演習林の樹木紹介のホームページでは、エゴノキの解説に「昔は砕いて魚毒（ゲラン）として川に流しヤマメ（エノハ）を取った方もいるでしょう」という記載がある。また、北九州自然史博物館の学芸員で魚類を専門とする日比野友亮氏からは、淡水魚類調査の折、福岡、佐賀、鹿児島でゲランという言葉を耳にしており、福岡の場合は、エゴノキのことをゲランと称していた場合があるという私信をいただいている。デリス属の魚毒としての効き目が強かったため、デリス属の粉末製品を意味していたゲランが魚毒や魚毒漁をも意味することになったり、もともと魚毒として使用されていたエゴノキに転用されるようになったりしたということであろう。ゲランが流通していた時期や、いつ、ゲランが魚毒やエゴノキを指すようになったのかについての資料は未見であるものの、魚毒文化の伝播という視点からは興味深い例であると思われる。

2－8　魚毒漁と雨乞いとのかかわり

　本書冒頭で、石垣島・白保の魚毒漁は雨乞いと関連しているということを紹介したのだが、日本本土でも雨乞いと関連した魚毒漁が、奥吉野で行われていたことが報告されている。

〇奈良県　吉野郡

　「むかしはお盆に"村流し"という行事を行った〈（サンショ流し）ともいう〉。部落民総出で川魚をとるのだが、サンショウの皮を炊いて（灰といっしょに炊くとよく効くという）、この液を川に流す。浮いて流れる魚をひ

ろうわけである（主としてアマゴとアユ）。この行事には、部落の若衆は裸一貫となって川に入り、娘たちは"衣装見せ"とてハレギを着飾ってこれを見物する」

「この村流しの行事はいまから60年ほどまえまで、奈良県吉野郡野迫川村北今西と大股の両部落でも行われていたという」

「これと同じ行事が、吉野郡大塔村坂本部落にもあった。（中略）部落民総出で、サンショウの木の皮をむきとり、熟したサンショウの実、ハズ豆（ネムの木）の葉とともに熱湯でゆで、カラウスでよく搗き、灰を入れて団子状とし俵につめ、これを川の中でふみ流す。（中略）材料にはこのほか、トコロの根、茶の実なども用いた」

「吉野郡大塔村篠原にもムラナガシ＜（アマゴイ）ともいう＞があった（明治の中ごろまで）。篠原の飲料水もすべて谷川よりの取水にたよっている。（中略）したがって、8月の旱魃には飲料水はもちろん、耕作物にも大きな打撃をうける。一名（アマゴイ）というのはこのためである。8月ごろに旱魃がつづけば、部落の庄屋がホラ貝をふき、ムラナガシを告げる。この合図によって部落民は各々山に行き、ヤマノイモ（トコロ）の根、クルミの根を掘り、カラウスでついて、これを川に投入する。（中略）これは年1回にかぎられている」（御勢久　1967）

この点に関して日本の魚毒漁は、そもそも雨乞いと深いかかわりあいがあるという仮説が提唱されている。

まず、魚毒漁のことであるとはっきりと書きあらわされているわけではないが、日本最古の魚毒漁の記録は『日本書紀』にさかのぼることができるという指摘がある。

民俗学者の長沢利明は、『日本書紀』の神武天皇東征記中にある、丹生川上社祭祀の起源伝承がそれにあたるとし、紀伊熊野を経て大和に至った神武天皇は、大和盆地平定の達成を神に祈り、香具山の埴土を用いて祭器を作り、いわゆる"ウケイ"の儀式を行って、神意を占うのである（長沢　2012b）が、このウケイと呼ばれる儀式は二つあって、その後者は、祭器を川の中に沈めると、川面に大小の魚が浮かび上がってきたなら願いが叶う……というものであり、これは漁毒漁のことであろうという同様の指摘を、歴史学者の菊池

照夫も行っている。

　菊池はまず、魚毒漁に、度重なり禁止令が出されていることに注目している。

　例えば、明治時代に発令された魚毒漁に関する禁止令として、1871（明治4）年に長崎で出された禁止令には「河水ニ毒ヲ投ジ魚ヲ捕ル者ヲ禁ス」とあり、翌1872（明治5）年に、当時の敦賀県が、毒草、あるいは石灰、柿渋等をもって川で魚を毒殺することを禁じた記録があるという。

　時代をさかのぼると、近世においても「摂津国の猪名川では古来より鮎漁が盛んで、川筋の村々には早くから毒流しを禁じる高札が立てられていたという。しかし禁をやぶって毒を流して密漁するものがおり、緑礬（硫酸第一鉄）を含んだ土を川に流し込む毒流しが行われ、その悪水が村々の田地に入り込み、農作物に被害が及んだことが指摘されている」という。また鎌倉時代の正史『吾妻鏡』でも毒流しが禁じられたことに関する記述がみられるとある。こうした近世における魚毒漁の禁止の理由について菊池は、「仏教の殺生禁断思想に基づいており、野の焼狩、川の毒流しは、目的外の動植物をも殺してしまうという無益な殺生をともなう猟法・漁法として禁止とされたのであろう」としている。

　さらに時代をさかのぼり、平安時代においても毒流しを禁止する法令が出されていた。これは882（元慶6）年のものである。こうした歴史から、菊池は「このように毒流しは、古代における史料上の初見の段階から禁令の対象とされており、中世、近世、近代、現代と時代を通じて国家側、支配の側は原則的にはこの漁法を禁止していたのである。禁止する理由は、古代・中世では仏教的な殺生禁断思想に基づくが、近世以降は毒流しによる下流域での被害が問題とされている」と、魚毒漁に権力側の規制が度重なり行われていたことを総括している。そして、このような魚毒漁と権力側の規制とのかかわりの歴史をふまえ、菊池は魚毒漁と雨乞いとのかかわりについて、次に論じている。

　各地の雨乞いについて研究を行った関敬吾は、雨乞いを「村の神社に籠り、または参拝して祈願するもの」「神社から水種をもらってくるもの」「神を怒らすもの」「山頂で大火を焚くもの」に分類しているが、菊池はこのうち、「（神を怒らす）タイプの雨乞い儀礼では、池や川の淵などに水神が棲み、その水神が神威を発動すると雨が降ると信仰されており、水神の好まない何らかの

行為を行うことによって水神を怒らせその神威を発動させようという観念が認められるのである。毒流しによる雨乞いもこのタイプに分類できるとみられる」とし、魚毒漁がなぜ雨乞いと関連するのかを説明している。菊池によれば、柳田が「魚王行乞譚」で紹介している伝承において、僧に化け、魚毒漁を思いとどまらせようとする「魚王」とは水神のことであり、「その水神が止めろと忠告する毒流しが結局強行され、これによって水神を怒らせてその神威を発動させて雨を降らせようとするのが雨乞い儀礼として毒流しを行うことの意義なのである」という解釈が行いうるという。

　さらに、律令国家の祈雨祭祀の中で特に古くから重視されていたのが、（ヤマト王権の時代から、）『日本書紀』において、魚毒漁を思わせる記述が登場する、丹生川上社におけるものであった。菊池も『日本書紀』のこのくだりは、魚毒漁をあらわしているとしているが、その上、神武の魚毒漁は、雨乞い祭祀であったとみてよいとしている。（ただし菊池は実際に魚毒を使ったのではなく、器の呪力で麻痺させたとしている）。このように、菊池は、日本において、国家権力が深く、雨乞いおよび、魚毒漁と関わっているという論を展開している。そのため、毒流しが禁じられたのは、殺生の禁止というのが表面上の理由であったとしても、「毒流しが王権の支配にも関わる行為につながるという観念の作用によるものとみることができる」という考えを提示している。すなわち、庶民が魚毒漁を行い、水神に働きかけ、雨を降らせる行為は、天皇の独占的な呪能を犯すこととしてとらえられたのではないかという示唆である（菊池　2003）。

2－9　魚毒漁の特徴と資源管理

　前項で、魚毒漁が度重なって禁止されたのは、国家権力の根幹に触れるような問題があるからではないかという考えがあることを紹介した。

　魚類学者の末広恭雄は、魚にまつわるエッセイの中で、魚毒漁について、「非常に古くから行われていた漁法だが、川の魚を根こそぎとってしまうというところから陽成天皇の元慶年間、つまり今から千年以上も前、法令によって禁止され現在に至っている」（末広　1964）と、魚毒漁は「禁止され続けた漁」と読めるような説明を行っている。

　しかし、菊池も「権力側からの規制を受けつつも、毒流しは個人で、ある
いは村落共同体レベルで行われ続け、伝統漁法のひとつにも数えられるに
至っているのである」（菊池　2003）と書いているように、度重なって禁止
令が出されなくてはならないほど、魚毒漁は途絶えることなく続けられてい
たともいえる。また、先に日本各地の魚毒漁の事例を紹介した際、地域によ
って、魚毒漁は限られた日に、村人が総出で参加して行うものとされていて、
その日以外は魚毒を使用することが禁じられていた例も散見された。つまり、
権力側からの禁止ではなく、庶民の側から魚毒漁を持続的に利用するための
規制が行われていた場合があるということである。
　この点について、魚毒漁の特性を押さえておきたい。
　ハイザーは、魚毒漁の特徴について「原始的な社会でなければ、魚毒漁は
経済的にみあわない。それは長く水流の個体群にダメージを与えるからだ。
一方狩猟採集民にとっては補助的な食料確保手段である」（Heizer 1953）と
している。
　秋道は、魚毒漁の特徴として、「あまりに魚毒が少量であったり、水が多
すぎたりすると、効果はなくなる。逆に、魚毒が効果をもちすぎると、魚を
大量に殺したり、資源を枯渇させることにもなりかねない」と、魚毒の効き
目と、資源管理がトレードオフの関係にあることを指摘している。
　さらに魚毒漁の特徴には、①魚毒植物を大量に消費する、②魚が一時にた
くさんとれる、③その反面、しばらく魚がとれなくなる、という点も加えら
れるとし、そのため「魚毒漁は水量のすくなくなる乾季とか干潮時に行われ
る場合が多」く、そのことにより「魚毒漁を干ばつのさいに行い、雨乞いを
するという事例が方々にある」という指摘も行っている。例えば、秋道によ
れば、日本以外においても、アッサムでは魚毒漁は雨乞い儀礼の前に行われ
る報告があり、ニューギニアのシアシ諸島でも魚毒漁をすると翌日に雨が降
るという伝承があるという（秋道　1995）。
　安渓も「魚毒漁を行うためには“魚毒がある程度以上の濃度を保つこと”
という条件がある。この条件は限られた時期と場所でしか満たされない。（中
略）魚毒漁のリズムは、自然のサイクルと一致せざるを得ない。淡水域では
乾季・減水期がその時期であり、海では干潮時に池のようになる所が利用さ
れる」（安渓　1982）と、魚毒漁は、自然環境や、自然のサイクルと同調せ

ざるを得ないことを指摘している。

　このようにみると、魚毒漁の特性ゆえに、乾季や干ばつ、ひいては雨乞い
と結びつく要素があるわけであり、魚毒漁と雨乞いの関わりを、権力との関
係だけで見ることはできない。

　秋道は、柳田の「魚王行乞譚」も、水神との関わりというよりも、「魚毒
漁が抑制される傾向は資源の乱用をいましめる態度につながる。日本では、
魚の王が行脚僧に化身して命乞いをするという伝説が広く全国各地にのこっ
ており、魚毒利用を制限するなごりと思われる」（秋道　1995）と、魚毒使
用のメリットと資源管理上のデメリットが、トレードオフの関係にあること
を意識化したものであろうという指摘を行っている。

　長沢は、魚毒漁は、歴史の中で禁止令が出されたことについて、例えば、
1315（正和4）年の文献に殺生禁断として、とくに柿流、胡桃流、薑（サン
ショウ）流と名があげられていることを引きつつ、「宗教的動機にもとづくか、
水産資源保護の観点に立つかは問わず、魚毒漁はつねに禁止漁法であり続け
たわけで、今もってそのことに変わりはない」という指摘を行う一方、「漁
毒漁には、植物利用に関する深い経験的な知恵、そして人間と環境との適応
技術に関する高度な知識文化の伝統というものをともなっているのであり、
そこから学ぶべきものもまた多い」（長沢　2006）とも述べている。

　魚毒漁は、一時的にみればきわめて多量の魚を得ることのできる方法であ
ると同時に、それは永続的な資源破壊にもつながりかねない。だからこそ、
長い間、その地域で魚毒漁が行われ続けていたとしたら、それは何らかの規
制や資源管理、または環境特性があってのことだということになる。

　吉野郡大塔村では、「雨乞いの『流し』（毒流し）には山椒を使い、胡桃を
使ってはならないとされていた点に注目したい。胡桃の根の皮は毒性が強く、
すべての魚が死んでしまうが、山椒の皮の粉は弱く、魚が一時麻痺するだけ
で絶対に死に絶えることはないという」（野本　1987）と、使用する魚毒の
強さを制限することが、持続的な利用につながっていた可能性を野本は指摘
している。

　ネパールのマガール族の魚毒漁を調査した南は、伝統的なビスと呼ばれる
サンショウの仲間を使用した魚毒漁は、年に3回程度しか行われていないこ
とを明らかにしている。これは村落における使用可能なビスの資源量や、使

用するビスの結実期が限られているためである。また、ビスによる魚毒漁では、魚は一時的に麻痺するだけであることも、結果として資源保持に役立っているとしている。魚毒に使用する植物が天然物であるがゆえに生じる制限が、一種の調整として働いているわけである。逆に言えば、このような制限を取り払うことのできる人工的な化学薬品を利用した場合、このような「調整」が行いえないことを示している。ネパールにおいても、近年、市販の殺虫剤（化学薬品）を利用した魚毒漁が行われるようになり、化学薬品の人体に対する悪影響もさることながら、購入する代金さえあれば、いつでも、年に何回でも魚毒漁を行えることが、乱獲を生むことになっていることを南は指摘している（南　1993）。

　次章からは、琉球列島における魚毒漁の個々の事例を取り上げ、ここまでに紹介してきた海外、本土における魚毒漁と比較を行うとともに、先行研究によって提示された視点や仮説について考察していきたい。

注）：独立行政法人農林水産消費安全技術センターのサイトによると、デリス粉を成分とするゲラン化学製のゲランという農薬は 1957 年に登録され、1987 年に失効している。

3章
琉球列島における魚毒漁

3－1　南島における植物利用

　第二次大戦中、アメリカ軍は、太平洋の島で部隊からはぐれた兵士のためにサバイバルマニュアルを作成した。このなかに「魚を麻痺させるために使われる植物」という項目がある。

　「もっとも一般に使われるのはデリス属。これは tuba や tugi, kaju, toba, dunp, yup などと呼ばれる。毒は根部に多い。ゴバンノアシの種子も利用される。putat, laut, butun などと呼ばれる。低木状のハズ（*Croton tigium*）は、種子が砕かれ、ゴバンノアシのように使用される。この種は里の家の近くに普通。廃村には野生化しているが、森林内にはみられない。ナンバンクサフジ（*Tephrosia purpurea*）は低木〜木質草本で、小さな紫の花をつける。ポリネシアとミクロネシアで、おそらく魚毒としてもっとも使われている。全草が砕かれ、水中に投じられる」

　また、同マニュアルの中には、ソテツの仲間についての記述もある。

　「大きな種子は飢饉の時には食用とされる。しかし適当に処理されないと大変有毒。生のまま砕かれ、すりつぶされ、水に漬け、その水をしばしば取り換える――数日にわたると報告されている――。こうして処理されたものはケーキやパンを作ることが出来るが、食用とする場合、この種子について知識を持つ現地民の意見を可能ならば聞いたほうがよい」（Merrill 1943）

　前章で、魚毒と関連づけて、本土におけるトチノキの実のあく抜きについて触れた。南島にはトチノキは分布していないが、それに代わり、ソテツが見られる。

　九州から台湾にかけて連なる琉球列島と呼ばれる島々は、行政的には種子島〜与論島までが鹿児島県で、沖縄島以南が沖縄県に位置づけられるが、自

殻をむいたソテツの実を川
の中に浸けて毒を抜く

ソテツ
種子は有毒だが水にさらして
食用とする

然地理では屋久島・種子島を中心とした北琉球、奄美大島・沖縄島を中心とした中琉球、宮古島や石垣島・西表島などを中心とした南琉球に分けられる。このうち、中琉球、南琉球では、先のマニュアルに書かれたように、ソテツの実、場合によっては幹に蓄えられた澱粉を食用として利用する文化があった（現在も一部の地域では、実を味噌などに加工して利用している）。

　ソテツの有毒成分はサイカシンという配糖体である。琉球列島の島々では古くからソテツを食用として利用していたが、その毒抜きの方法を調査した安渓貴子によれば、琉球列島では水さらし、発酵、加熱を組み合わせる形で、3つのタイプの毒抜き法がある。そのうちもっとも単純な方法は、種子を食用にする際にみられる、水さらしで有毒成分を抜き、加熱調理を行うというタイプである。幹に含まれる澱粉を利用する際は、水さらしだ

けでは有毒成分を取り除くことができず、発酵を組み合わせた、より複雑な毒抜き方法が必要となる（安渓　2015）。

　ソテツの種子や幹の利用方法は、伝統的に伝えられてきたものであり、地域ごとに様々な違いがある。例えば沖縄島南部の南城市・仲村渠では、アカミと呼ぶソテツの実は水でさらして毒を抜き食用としたが、幹は利用しなかったという（盛口　2019）。一方、沖縄島北部の国頭村・奥の場合は、トゥトゥチンナイと呼ぶ種子だけでなく幹も利用し、その幹の利用は以下のような方法であった。

　「実質部を一糎程度の厚さの平板状に削り、ニンブー（引用者注：むしろ）に広げて干し、ぶつぶつに折れるようになるまで乾燥させてから保存した。保存したものを利用する前に四〜五日程度清水に浸漬した後、水をきり二〜三日発酵させる。このような操作を二〜三回くりかえし、やわらかくなりホコホコに折れるようになったものは取りあつめ、折れないものは再度発酵させホコホコに折れるようになってから料理に利用した」

　「ナガジク（茎芯部）は適当に破砕して野ざらしにしておき十分に発酵した後に採集し、木臼などでくだき水でながして澱粉（澱粉は黒色）を採取した」（奥のあゆみ刊行委員会編　1986）

　また、魚毒植物に重層的な利用が見られたように、ソテツもまた重層的な利用が見られ、葉は燃料や田んぼの緑肥としても利用された（盛口 2015）。こうしたソテツの多様な食用としての利用、そして重層的な利用は、日本の中では琉球列島に特有のものであり、日本本土よりは、どちらかといえば、米軍のサバイバルマニュアルの対象とされた太平洋諸島との共通点が多くみられる。同様に、魚毒植物や、魚毒漁についても、日本の中で琉球列島は特有の様相を見せる。

3－2　琉球列島の魚毒漁の特徴

　魚毒漁は、広い開放水面では毒が薄まってしまい、行うことができないという特徴がある。そのため、世界的に見ると、魚毒漁が行われるのは、一般に淡水域であり、インド〜太平洋域でのみ、伝統的に潮だまりやサンゴ礁などの開放水面で行われる（Bearez 1988）。先にみたように日本本土の場合も、

報告されている魚毒漁は川で行われるものであった。ところが、珊瑚礁地形の発達している琉球列島においては、海での魚毒漁が頻繁にみられる。

　日本における魚毒漁の概説を行っている長沢も、自身の久米島における調査結果も踏まえ、琉球列島においては「本土諸地域とはかなり異なった独特な漁毒漁が見られた」とし、その特徴のひとつとして、「海水中でなされる漁毒漁は、南太平洋のフィジー諸島やインド洋のアンダマン諸島などでも見られたが世界的に見れば珍しいもので、サンゴ礁地形のもたらした特色ともいえるであろう」（長沢　2006）と指摘している。

　琉球列島の島々は、島の周囲を珊瑚礁で囲まれている。この島を取り巻く珊瑚礁（リーフ）を、島ではピシなどと呼ぶ。また、リーフと浜辺に挟まれた波穏やかな浅い海域のことを、イノーと呼んでいる。潮が引き、水深が浅くなった時に、浜辺からリーフまで、歩いて渡ることのできる、特に浅い場所が姿を現す。このリーフへ歩いて渡ることのできる通路を、ワタンジと呼ぶ。また、リーフやイノーの中で、池状に深くなった潮だまりを、クムイやフムイなどと呼ぶ。島の人々にとって、こうしたリーフやイノーの周辺は、専業の漁師ではなくても、潮のかげんでは、大掛かりな漁具を持たずとも魚介類を得ることのできる場所である。一方、島々には本土に比べると河川はあまり発達していないという特徴がある。琉球列島において魚毒漁が行われるのは、主にクムイと、小規模な河川である。琉球列島の島においても、集落の前の海が珊瑚礁ではなく、干潟である場合などは海での魚毒漁は行われない。

　琉球列島で行われていた魚毒漁の例を、一、二、文献上から拾い上げ紹介してみる。まず、徳之島・徳和瀬における魚毒漁の例である。報告者の自らの体験談（幼いころ、家に海の好きな祖父がいて、その祖父に連れられ、初めて海で魚毒漁を行った思い出）が紹介されている（松山　2009）。徳和瀬では、魚毒にはツバキ科のイジュを用い、また魚毒漁のことはコイ入りと呼んでいた。

　紹介されているのは、おそらく 10 月頃のある晩の記憶であるという。8歳の「私」が年少で、ほかの孫たちも連れ、65 歳の祖父が海へ漁に行くことになった。これが「私」にとって最初の海であり、その記憶は鮮明である。チガシと呼ぶ松の木の断片を燃やして浜へいそぐ。浜についた祖父は両手を

イジュ
琉球列島の代表的魚毒
植物。樹皮を粉にして
使う

　あわせて、岩陰のトゥール墓（洞穴墓）と真っ暗闇の沖の方に向かって祈り始めた。後になって聞くと「『これだけの浜を今宵私たちに貸して下さい』と許しを乞うたのである」ということだった。これは祖霊たちの怒りにふれないよう、神の許しをえるようにということだった。やがてワタンジを踏み越え、コモイ（潮だまり）にたどり着く。

　「やっとたどり着いたコモイ（潮溜まり）はクックブスミゴモイ（通称地名）であった。（中略）私たちが到着すると、祖父は直ちに粗めの芭蕉布の袋にコー（イジュの木の乾皮の粉末）を詰め、さらにそれを長い竹竿の先端に吊るして、コモイの中に注入し始めたのである。珊瑚の陰や岩穴などに竿を押したり引いたり、その仕草がとても面白かった。コーの入った袋はしばらくすると、取り替えられるが、最終的には二升程のコーが注入されるので、別に二升ゴモイとも呼ばれていた」

　このコモイは沖の方にむかって魚たちの細い通り路が開いていた。こうした通路にサデ（掬い網）を据え付け、魚を捕るわけである。

　「コーを注入するときは、ひとつのこつがあったが、それはサデグチの近くにはコーを注入しないで、逆に奥の方へは濃く注入するというものであった。こうすると、魚たちは苦しくなると逃げ場を求めてサデグチへなだれ込んでくるのである」

　コーを入れて 10 分ほどすると、岩穴などにかくれていた魚が浮上して群れをつくり「舞い」を始めた。アイヌックヮ（アイゴ）であり、これが、めあての魚である。30 分ほどしてサデをあげると 10 センチ大のアイヌックヮや雑魚が入っており、十斤ほどの収穫となった。そして海で、知らぬまにまとわりついた悪霊をふりはらうために、この日は、捕れた魚を腹いっぱい食べてから寝たとある（松山　2009）。

　この徳和瀬の魚毒漁は、報告者自ら体験したものであり、極めて詳細な記録となっている。琉球列島の島々の市町村誌や、そのほかの民俗誌などを開くと、これに比べれば、著しく断片的であるものの、ところどころに、魚毒漁に関連する記述があることに気づく。

　例えば以下は、沖縄島・国頭村・安波の魚毒漁に関する簡単な記述である。「安波では、干潮時になると石を投げたり竹竿で潮を叩いたりして魚を窪みに追い込んでから、獲るという話を聴いた。この時追い込んでから、イジュという木の皮を臼で搗いたものを投げ入れ、そのササ（毒）で魚が弱ったところを網ですくえば簡単に獲れるという。この漁法を安波ではタックミヤーというが、その名前は魚を水溜りに追い込むところからついたものである」（上江洲ほか　1983）

　こうした文献記録を渉猟するとともに、島々を訪れ、年輩の方々から、かつての島における植物利用の記録とあわせて、魚毒漁についての話を聞き集めてみた。

　次章には、私が聞き取った魚毒漁の記録を、島、集落および話者ごとに紹介している。例えば A 56 は沖縄島本部半島に位置している、今帰仁村兼次で行われていた、リーフ内での魚毒漁に関する聞き取りである。これら聞き取りの結果と、文献から得られた情報を基に、琉球列島の魚毒漁の様々な面について、以下、まとめていきたい。

3-3　琉球列島の多様な魚毒植物

　長沢は、琉球列島の魚毒漁の特徴として、海で魚毒漁が行われることに
加え、琉球列島では使用される魚毒植物が本土と比較して、「種構成その
ものがきわめて多様で、しかも本土のそれとは全く異なるものとなってい
る」という点を指摘している。また、このことから、「フローラの根本的
相違は、魚毒植物の選択肢の幅にも反映され、毒流し漁の技術習俗そして
魚毒文化そのものの独自性をも生み出すということが、少なくともそこか
ら理解される」（長沢　2012）という指摘も行っている。

　では、琉球列島の魚毒植物には、どんなものがあるのだろうか。

　長沢は久米島での調査を通じ、魚毒植物として、デリス（トバ）、シイ

ヤブツバキ
種子を搾って油を取った
残りの粕が魚毒となった

ノキカズラ、イジュ、リュウキュウガキ、ルリハコベ、サンゴジュ、ヤ
ブツバキ、ヒメサザンカが使用されていたことを報告している（長沢
2006）。これらの植物は、先にあげた日本本土で使用される魚毒植物と異
なっていることは一目でわかり、また久米島という一地域だけでも、実に
多様な植物種が、魚毒に利用されていることもわかる。

　武田も琉球列島の珊瑚礁域における伝統漁法の総説の中で魚毒漁にふ
れ、使用される魚毒植物の名をあげている（武田　1994）。それらは、イ
ジュ、トウダイグサ、モンパノキ、ルリハコベ、ミフクラギ、リュウキュ
ウガキ、イズベーシフサ、煙草、センダン、モッコク、キツネノヒマゴ、
ゲットウ、チョマ、ハマボウ、デリスである。このうち、イズベーシフサ
は、リストの中に名があがっているキツネノヒマゴのこと（石垣方言）と
思われる。またミフクラギはフィリピンにおいて魚毒植物として使われる

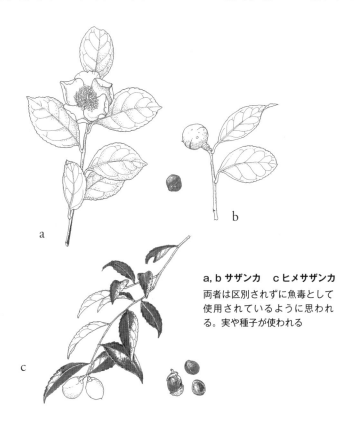

a, b サザンカ　c ヒメサザンカ
両者は区別されずに魚毒として
使用されているように思われ
る。実や種子が使われる

ミフクラギ
海岸に多い木。フィリピンでは
魚毒として使うというが、琉球
列島では使用例を聞かない

ことは知られているが（Philippine Medical Plants）、琉球列島において魚
毒利用がなされたという報告を他に見ておらず、武田のこの総説も、その
データの出典が明らかにされていない。同様、ゲットウ、チョマ（カラム
シのこと）、ハマボウフウに関しても他に使用例が報告されている文献を
見ていないことと、出典が明らかにされていないことから、琉球列島で使
用されていた魚毒植物として認知していいか疑問である。モンパノキの場
合は、シガテラ毒など、有毒な魚を食べた際の毒消しとしての利用につい
ての情報は得られるが、魚毒利用については疑問である。

　このように、これまで琉球列島の魚毒植物についての総説は、限られた
情報であるか、不完全な情報を含むものであったと言わざるを得ない。

　一方、前項に書いたように、各市町村誌などの中に、魚毒漁や魚毒植物
についての記述は散見できる。私自身の聞き取り調査と、そのような文献

モンパノキ
海岸に生える低木。葉は食中毒の際の
民間薬として使用されることがある

調査の結果、明らかにできた琉球列島の魚毒植物のリストは、表3のよう
になる。

　表を見てわかるように、琉球列島で使用されていた魚毒植物は、本土と
比較し、面積比に対してきわめて多様である。また、主な魚毒植物の種組
成も異なっている。長沢は、本土の魚毒植物は、「サンショウ、クルミ、
エゴノキ、カキ型」パターンである（長沢　2012a）としているが、それに
対して琉球列島の魚毒漁は「使用される魚毒植物から見るかぎり、イジュ・
ルリハコベ型の基礎的な構成を示し、その上に東南アジア的なトバ・シイ
ノキカズラ型（デリス型）の要素がかぶさっていて、複雑なパターンをあ
らわすのである。（中略）全体的にみれば、日本列島には二つの魚毒文化
がみられたと、いえることであろう」（長沢　2012a）としている。琉球
列島の魚毒植物が、大まかにイジュ・ルリハコベ型であると言うことに異

表3　琉球列島の魚毒植物リスト（盛口　2019を改変）

科　名	種　名
タデ科	イヌタデ
トウダイグサ科	トウダイグサ
	ナンキンハゼ
	イワタイゲキ
	フクロギ（キリンカクも？）
マメ科	トバ（デリス）
	シイノキカズラ
	ウジルカンダ
	シナガワハギ
	クロヨナ
	アメリカデイゴ
ムクロジ科	クスノハカエデ
ウルシ科	ハゼノキ
センダン科	センダン
ミカン科	アマミサンショウ
	ヒレザンショウ
	ゲッキツ
ツバキ科	ヤブツバキ
	ヒメサザンカ
	モッコク
カキノキ科	イジュ
サクラソウ科	リュウキュウガキ
	ルリハコベ
	ハマボッス
エゴノキ科	モクタチバナ
アカネ科	エゴノキ
ナス科	ヤエムグラ
ゴマノハグサ科	タバコ
キツネノマゴ科	コフジウツギ（ウラジロフジウツギ）
	キツネノマゴ
シソ科	キツネノヒマゴ
	オオムラサキシキブ
トベラ科	ミツバハマゴウ（ハマゴウも？）
レンプクソウ科	トベラ
	サンゴジュ
	ゴモジュ

論はないが、その上にトバ・シイノキカズラ型の要素がかぶさっていて複雑なパターンをあらわすという、長沢のまとめに対しては、同意を保留し、以下になお、検討を加えていきたい。

3－4　ヌングンジマとタングンジマ

　ここまで、琉球列島の魚毒植物という言い方をしてきたが、長沢が「複雑なパターン」といみじくも表現したように、琉球列島の魚毒植物は多様であるだけでなく、島ごとに利用される植物が異なり、大変複雑である。表4は、島ごと、集落ごとに利用していた魚毒植物の違いを表したものである。

　北から南へ連なる琉球列島は、文化的に、より本土からの影響を受けやすい北琉球と、明治以前は琉球王国という独立国であった中琉球の沖縄島以南（奄美～与論はもともと琉球王国領土であったが、薩摩に編入されたという歴史を持つ）との歴史・文化的な違いがある。また、自然環境から見ても、北琉球と南琉球では植物相が異なっている。さらに、植物相の違いや、そこに暮らす人々の生活基盤を規程する、島自体の地形・地質にも大きな違いがある。

　八重山にはヌングンジマ・タングンジマという言葉で、この地形・地質の異なる二つの島のタイプを呼び分けていたことを、石垣島出身の郷土史家、喜舎場永珣が、次のように書いている。

　「ヌングン島とはヌーグニ（野國）から轉訛した語で、島と國とは同一であるが、語彙を強くする為に語を重ねたのである。古くは、ヌーグニ即ち野原ばかりであつて、川や山や田圃などのない國（島）といふ意から稱へられたのが、ヌーがヌンに轉訛と共に、シマまでも重ねて、遂にはヌングンジマと言ふやうになつた。とりもなおさず隆起サンゴ礁を意味してゐる。（中略）之に反して、『タングンジマ』とはターグニ（田國）から轉訛した語で、山あり川あり田圃ある島を言ってゐる」（喜舎場　1989）

　隆起サンゴ礁からなり、島全体が平たく、山や川といえる地形がほとんど見当たらない島がヌングンジマで、八重山でいえば、黒島や新城島、竹富島などがそれにあたる。これらの島々では田んぼを作ることが難しく（雨水を水源とする天水田が作られることはあった）、主には畑の作物（穀物としてはアワなど）が作られた。一方、山や川があり、そのため田んぼもみられた島がタングンジマで、八重山でいえば西表島や石垣島がそれにあ

表4　琉球列島の魚毒植物の利用分布（盛口　2019 を改変）

地名	コフジウツギ	エゴノキ	イヌタデ	アマミサンショウ	イジュ	トバ（デリス）	ルリハコベ	キツネノヒマゴ	ヤブツバキ	ゴモジュ	シナガワハギ	フクロギ	イワタイゲキ	モッコク	サンゴジュ	リュウキュウガキ	トベラ	ヤエムグラ	ハマボウ	ヒレザンショウ
種	●	●	●																	
屋	●	●																		
瀬		○		●	●	●														
喜				○	○		●	●												
犬			●			●	●													
花		●	●	●	●	●			●	●										
沖				●	●	●					●	●								
与						●							●							
伊				○				○							○					
奥				●	●	●									●					
底				●	●	●									●					
浦						●														
玉																	●			
仲				●	●										●			●		
真							●												●	
池											●									
良						●													●	
多						●										○				
登					●															
白												○	●							
波							●													
与						○									●					

地名の略は以下のとおり。
種（種子島・太田）・屋（屋久島・永田）・瀬（奄美大島・瀬戸内）・喜（喜界島）
・犬（徳之島・犬田布）・花（徳之島・花徳）・沖（沖永良部島）・与（与論島）・
伊（伊平屋島）・奥（沖縄島・奥）・底（沖縄島・底仁屋）・浦（沖縄島・浦添）・
玉（沖縄島・玉城）・仲（久米島・仲地）・真（久米島・真謝）・池（池間島）・良
（伊良部島・佐和田）・多（多良間島）・登（石垣島・登野城）・白（石垣島・白
保）・波（波照間島）・与（与那国島）
●：聞き取り、○：文献より。

たる。

　この、ヌングンジマとタングンジマの違いは、自然地理学では低島、高島という区分として言い直すことができる。自然地理学者の目崎茂和

は、琉球列島の高島と低島について、次のような定義を行っている（目崎1985）。

高島：山地・火山地が存在することが条件であるが、小さい島の丘陵地は山地と考えられることがあるので、山地・火山地・丘陵地が60％以上の面積を持つ島。

低島：山地・火山地が存在しない。丘陵には段丘起源のものがあるので、丘陵と台地・段丘と低地で90％以上を占め、高度も200m以下の低平な島。

　具体的な数字を挙げると、西表島は山地が69％、丘陵が13％、台地・段丘が9％、低地が9％で、高島にあたる。渡嘉敷島も小さいながら、丘陵が92％、低地が8％で高島にあたる。

　一方、宮古島は丘陵が2％、台地・段丘が90％、低地が8％であり、また竹富島の場合は台地・段丘が100％であり、これらは典型的な低島であるといえる。

　沖縄島の場合は、山地が15％、丘陵が48％、台地・段丘が26％、低地が11％と、全体としては高島に分類できるが、より正確に言えば、南部は低島的であり、北部は高島的な、複合的な島であると言える（目崎1985）。

　低島では山や森といった環境がなく、全体が平たんであるために容易に耕作地として利用できうることから、生活に使用できる野生植物の種数や資源量は、高島に比べて限られる。例えば、宮古諸島の池間島は、低島に加えて面積も小さいため、利用できる植物資源は極めて限られ、それがゆえに海岸植物のアダンに特化する植物利用の文化が育まれた。島の北西海岸一帯は、アダンニーと呼ばれる植栽、保護されてきたアダン林がある。池間島では、ガスが普及する以前は、日常の煮炊きに、このアダンの枯れ葉を使っていた。また、アダンの気根から得られた繊維は、漁具などにも多いに利用されていた。池間島では資源としてアダンに高い価値をおき、アダンの利用頻度が高かったことから、同じアダンのなかに、ミズアダンとイシアダンという区別を見いだしていた。例えば、イシアダンの幹はミ

ズアダンの幹に比べ硬いため、小屋などの建材に利用できるといった違い
がそれにあたる。また、パイナップル型をしたアダンの実は、熟すとばら
ばらの分果（池間島ではツガキと呼ぶ）にわかれるが、この分果の根元に
は甘味のある果肉がついており、かつては子供たちのおやつに利用された。
この実に関しても、ミズアダンは果実がよりおいしく、イシアダンは果実
がおいしくないという違いが見いだされていた。子供のおやつだけでなく、
アダンの実から分果をはずしたあとに残る軸（池間島ではバスと呼ぶ）は、
料理の素材として利用した。さらに分果を干したものは、カツオの頭を燻
製にするためのチップとして利用された（盛口　2020）。

　池間島では耕作地では主にサツマイモが栽培されていたが、島の人々の
生業は、主に漁業であった。池間島で聞き取りを行ったところ、池間島で
も魚毒を使用した魚捕りは行われていたが、これはもっぱら子供たちが遊

アダンの実
海岸植物。枯れ葉は燃料とし、
気根からは繊維が得られる。
また分果の根元は食用となる

びとして、海岸の潮だまりで行ったものであり、年配者の方々に話を聞く
際、(子供時代に経験しただけであったので)ほかの島での聞き取りに比べ、
記憶が薄れている印象がいなめなかった（A 72 ～ A 77 参照）。同様に久
米島に隣接する小さな低島である奥武島も生業は漁業が中心であったのだ
が、島で魚毒の聞き取りを行ったところ、端的に、「ササみたいに効率の
悪いものはやらない」（A 69 参照）という話が返された。

　琉球列島の魚毒漁は日本本土とは、行う場所（海が含まれる）や使用す
る魚毒植物（種数と種類）に大きな違いがあり、そうしたことから日本に
は二つの魚毒文化があるという長沢の指摘は正しいのだが、琉球列島の魚
毒漁は、自然環境の違い（高島、低島の違いなど）や、それに伴う人々の
暮らしの違いも反映し多様化しており、一口に「琉球列島の魚毒漁」とし
てまとめがたい面もあることを、ここでおさえておくこととしたい。

3 - 5　魚毒植物の分布と利用

　日本本土で毒抜きをして食用とされるトチノキは、琉球列島に分布して
いないため、当然、その利用文化は存在しない。同様、魚毒植物が、日本
本土と琉球列島で大きく異なるのは、もともとの植物相が異なっているこ
とに起因している面が大きい。しかし、例えば秋道が太平洋地域で、ゴバ
ンノアシの魚毒利用について述べているように、たとえ広い地域に分布を
している植物であっても、その植物を魚毒として利用するかどうかは地域
によって異なる場合があり、その場合、魚毒に使用するかどうかは文化の
違いに起因している（秋道　1995）。

　日本（琉球列島も含む）では魚毒として利用していない植物が、世界の
他の地域で魚毒として利用される場合があるか、ここで見ておくことにし
たい。

　河津一儀は魚毒植物の成分分析に関する研究を行い、成果を発表してい
るが、その中の一つ、「東南アジアにおける魚毒植物とその有効成分」（河
津　1967）には、東南アジアには 70 種に及ぶ魚毒植物が知られていると
して、魚毒植物の種名リストをあげている。このリストの中に、日本にも
分布をしているものの、以下のように、日本では魚毒として利用されてい

ないものが見受けられる。

・テリハボク：琉球列島では、海岸の防風林や街路樹、公園の庭園木など
　に利用されるテリハボク科の高木。琉球列島では、種子の油を燈油に
　使っていたことがあるとしている文献もある（深津　1983）。河津に
　よれば、「種子、樹皮、葉が魚毒である。子実から得られた成分には
　溶血作用があることが報告」とある。
・モダマ：琉球列島のうち、特に石垣島、西表島ではこの仲間のコウシュ
　ンモダマをよく見る。大型のサヤをつける、マメ科のつる植物。石垣
　島ではオーヌバタと呼び、つるを薪の結束などに利用したというが、
　実や種子の利用は聞かない。河津によれば、「フィリピン、セイロン
　で実を魚毒に使う」とある。
・クスノハガシワ：石灰岩地である沖縄島の南部などではごく普通にみか

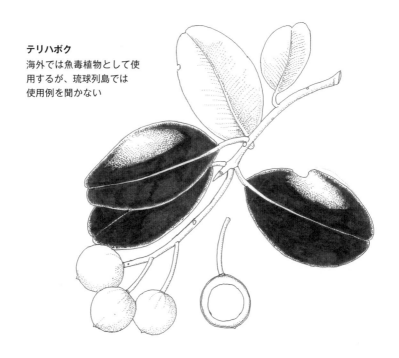

テリハボク
海外では魚毒植物として使
用するが、琉球列島では
使用例を聞かない

けるトウダイグサ科の低木。河津によると、「乳液をスマトラでは魚
毒とする」とある。
・シマシラキ：琉球列島の海岸のマングローブ林周辺でみられるトウダイ
グサ科の低木。河津によると、「ニューカレドニアでは魚毒とする」
とある。

なお、日本では栽培されているわけではないが、河津の報告を見るまで
魚毒に使用するイメージがなかった栽培植物のクズイモ（マメ科であるが、
イモ状の根部を食用とする。東南アジアなどの市場では普通に見かける）
も、河津によれば、フィリピンなどで葉や種子が魚毒とされるとある。
　このような、魚毒に使う、使わないという文化の違いは、日本本土と琉
球列島の間でも見られる。
　何度も紹介しているように、日本本土の代表的な魚毒植物は「サンショ
ウ、クルミ、エゴノキ、カキ」（長沢　2012a）であるが、このうち琉球
列島の高島にもエゴノキは普通にみられる。ところが、エゴノキがごく普
通に生育している沖縄島では、エゴノキの魚毒利用の話を全く聞かない。
琉球列島の魚毒利用の聞き取り調査の中では、種子島（A 1参照）、屋久
島（A 4参照）、徳之島（A 20、A 29参照）の4例でのみ、エゴノキの
利用が聞き取れている。なお、琉球列島の魚毒植物は基本的に「イジュ、
ルリハコベ型」と言いあらわせる（長沢　2012a）が、より詳しくみてい
くと、琉球列島でも地域により、使用する魚毒植物には地域差がある。
　北琉球の種子島、屋久島の魚毒植物は、種子島ではフジウツギ（自生し
ているのは、コフジウツギ＝ウラジロフジウツギ、栽培されているものに
は中国原産のトウフジウツギがある）、イヌタデ、エゴノキ（A 1）、屋
久島ではフジウツギ（A 3）、エゴノキ（A 4）と、いずれも、本土の魚
毒植物と共通するものであり、北琉球で利用される魚毒植物は琉球型（イ
ジュ・ルリハコベ型）ではない。
　中琉球の奄美大島以南になると、イジュ、ルリハコベを主体とした、琉
球列島特有の魚毒植物利用が見られる。ただし、これもよく見ていくと、
地域差がある。奄美大島は、イジュとならんで、本土と共通するサンショ
ウ（アマミサンショウ）が魚毒植物として利用されることも多い。聞き取

り調査の結果では、使用していた魚毒植物について、イジュ（A 7、A 8、A 10、A 12 参照）と、サンショウ（A 5、A 6、A 9、A 13）が、同数の結果だった。

　同じ中琉球でも沖縄島になると、今度はサンショウの仲間の利用は見られなくなる。また、沖縄島は北部が高島的、南部が低島的環境であり、イジュは高島的環境で見られる樹木なので、沖縄島の中でもイジュの利用をよく聞き取るのは北部地域である。一方、低島的環境の沖縄島南部では、ルリハコベ（A 62）やリュウキュウガキ（A 63）が魚毒として利用されていたことを聞き取れた。なお、以下にみるように、文献では、沖縄島中部でもイジュを利用していたようであるし、沖縄島中南部では、ほかにも低島環境でもみられる植物を魚毒として利用していた。

○北谷町
　ササ入り「潮溜まりや河川にササ（毒草）を入れて魚やウナギ等を獲る漁法。ササとはミンナ草（るりはこべ）やイジュなどの葉や皮を砕いて臼でひいたもの（中略）北谷ではターイユ、タナガー、ウナギ、ボラなどを獲り、自家用にした」（北谷町史編集委員会編　1992）
○西原町沖縄島　西原
　魚毒植物として、以下のものがあげられている。なお〈　〉は字名。
・イジュ…ササ入れ（魚毒漁）に使う〈小那覇〉
・オオムラサキシキブ…同上〈我謝〉
・ミツバハマゴウ…ササギ（魚毒植物）になる〈小那覇、安室〉
・サンゴジュ…同上・各地
・ルリハコベ…ササ入れに使う・各地　（西原町教育委員会編　2004）
○沖縄島　南風原町
　クスノハカエデ（サフンギー、セッケンギー）で、ウナギを捕った。このほかに、ササギーと呼ばれるサンゴジュも使う（南風原町史編集委員会編　1997）

　南琉球の八重山で使用される魚毒について、喜舎場永珣は「イズベーシ草（ターダヤ草）、ミジンゴーサ草、煙草の葉、センダンの葉、イージョ

ミツバハマゴウ
沖縄島南部（南風原）で魚毒と
して使用していた記録がある

ウ木の皮、ンジュ木の皮、ガーナ木の果実、動物ではフフシィキィリィ（ク
ロナマコ）の煎じ汁」という名をあげている（喜舎場　1989）。このうち、
イズベーシ草はキツネノヒマゴ、ミジンゴーサ草はルリハコベ、イージョ
ウ木はモッコク、ンジュ木はイジュ、ガーナ木はリュウキュウガキのこと
である。このように、八重山にもイジュは分布し、文献記録上ではイジュ
を魚毒として利用したという記録を見るが、私自身は、八重山においてイ
ジュの魚毒利用は聞き取れていない。
　長年、西表島で調査を行っている安渓遊地は、西表島を中心として八重
山の魚毒植物各種について、以下のような解説を行っている。

・キツネノヒマゴ…石垣でよく使った。
・ルリハコベ…おもろさうしのササクサのこと。

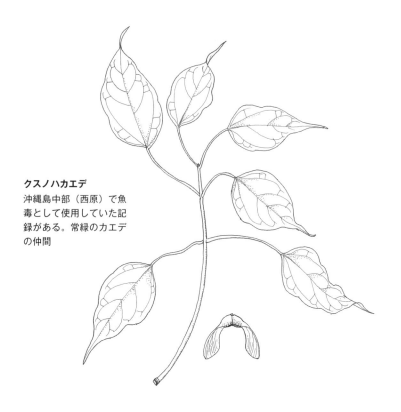

クスノハカエデ
沖縄島中部（西原）で魚
毒として使用していた記
録がある。常緑のカエデ
の仲間

・モッコク…西表ではこの樹皮をもっともよく使った。

・イジュ…西表には少ない。汁がつくと湿疹のようになる。

・センダン…石垣では葉を使うというが西表の人は使わないという。

・リュウキュウガキ…熟した果実を使う。汁が肌につくと火傷のようにヒ
　フがむける。

・煙草…きざみ煙草を「ウミキャン」という小ダコをとるのに使ったという。

・デリス…青酸カリよりよく効いたという。

　加えて、安渓は西表島における代表的な魚毒について、「巻き網をして
魚の群れを網の中に追いつめても、サンゴ礁のすき間に逃げこんでしまう
個体が多い。こういう場合は、デリスの根を石でつぶして魚の逃げ込
んだ穴の中へさし入れてやると、体長40cmぐらいの魚でも飛び出し

センダン
石垣島では魚毒として
使用していたという

て来て 10m も行かずに浮き上がってくる。西表ではデリスが普及する
以前は、山が近くにあればモッコクを、遠ければクロナマコを使った」（安
渓　1982）と書いており、八重山ではイジュは主要な魚毒植物ではなく、
モッコクが代表的な魚毒植物であったことが明らかである。

　ちなみに、魚毒植物としてモッコクを利用する例は、石垣島から沖縄島
を飛び越える形で、徳之島で聞き取っている（A 30）。

　なお、ここに表した地域による魚毒植物の違いは高島の樹木を利用した
場合のものであり、低島の場合は、基本的に限られた種類の草本（ルリハ
コベやキツネノヒマゴなど）が使われてきた。

3-6 移入植物の利用

　琉球列島における魚毒植物の聞き取り調査の中で興味深かったことの一つは、屋久島で、カイコウズ（アメリカデイゴ）を魚毒として利用していたことがあげられる（A2参照）。つまり魚毒植物として、移入植物が用いられる場合があるわけである。もちろん、トバのように、初めから魚毒に利用できる植物を、意図的に移入している場合、移入後に魚毒として利用していることに特に疑問は持たない。それと異なり、カイコウズの場合は、本来、持ち込まれた目的（観賞用）とは異なる利用（魚毒）を行っているわけであるから、どこかで誰かが魚毒としての利用を「発見」したということになる。

　池間島で魚毒植物の聞き取りを行った際も、青い花をつけるルリハコベと異なり、黄色い花をつける草を魚毒として利用するという話を聞き取った（A72）。聞き取り時は、何の植物か判然としなかったのだが、後日、話者の方が、魚毒に使用したという植物を送ってくれた。これが、マメ科のシナガワハギであった。シナガワハギはユーラシア大陸原産の移入植物で、現在は北海道から沖縄まで広い範囲で雑草としてみられる（清水　2003）。シナガワハギが日本に移入されたのは江戸時代であり、記録としては、1676（延宝4）年に描かれた写生図が残されている（磯野2007）。また、その後、沖永良部島でも、シナガワハギと思われる植物を魚毒として使用していた例を聞き取った（A33）。シナガワハギは、移入植物であり、かつ、広い範囲で見られる道端雑草である。つまり、この植物を魚毒として利用し始めたのは、おそらく、池間島と沖永良部島で、個々別々であったのだと思われる。さらにこうした「発見」の背景には、様々な植物を、魚毒として利用できるか、試してみるという思考が存在しているように思える。聞き取り調査の中で、「（魚毒に使う草は）どんな草でもいい」（A77）と語る話者もいたのだが、むろん、これは誤認である。しかし、「どんな草も魚毒になるのかもしれない」というような思考があって、新たな魚毒植物の「発見」がなされるように思う。そして、このようなまなざしがあることが、移入植物ではなく、在来植物であっても、地域によ

シナガワハギ（花 4 mm）
日本全国に帰化している雑草。池間島と沖永良部島で魚毒として使用していた

り、異なった植物を魚毒として使用することがあることの要因ではないだろうか。

　同様に、移入植物を魚毒として使用する例は、海外でも知られている。最古の魚毒植物の記録はアリストテレスによるモウズイカの仲間についてのものだったが、ヨーロッパ〜アジア原産であるビロードモウズイカ（Varbascum thapsus）は、その後、アメリカには 1700 年代中頃に移入され、定着した。ビロードモウズイカの場合は、意図せず、何かに種子が混入した形でアメリカに移入されたものであろう。その移入雑草であるビロードモウズイカは、バージニアでは魚毒として用いられるようになったのだという（Remeley et al. 2005）。また、インド・ウッタラーカント州の魚毒植物の中にも、アメリカ大陸原産のアオノリュウゼツラン（これは栽培植

物として意図的に持ち込まれたものだろう）の名前を認めることができる
（Nagi et al. 2009）。

3 - 7 琉球列島における魚毒植物の古記録

　移入植物が魚毒として利用されることがあるということは、地域だけで
なく、時代によっても使用される魚毒植物が異なっている場合があるとい
うことを意味している。

　日本本土における魚毒漁の最古の記録は『日本書紀』にまでさかのぼる
のではないかという指摘があった。では琉球列島においては、魚毒植物や
魚毒漁についての古い記録はどこまでさかのぼれるのであろうか。また、
その記録に残る魚毒植物は何であるだろうか。

　江戸末期の 1850 〜 53 年の間、流人として奄美大島に流された薩摩藩士・
名越左源太の手になる、当時の奄美大島の風物誌である『南島雑話』（名越
1984）には、「韋知宇」の名で、イジュについて、皮を川に沈めると、魚が
酔ってことごとく死ぬと説明をしており、当時から奄美大島ではイジュが
魚毒として使われていたことがわかる。

　また、伝承の元となった出来事がいつのことであったのかは、はっきり
しないが、西表島には、魚毒が登場する伝承が残されている。現在は廃村
となっている鹿川集落に伝わる伝承である。

　ある日、鹿川の男たちが魚を捕ろうと海岸にでかけたところ、潮だまり
のなかに、人間大のヤモリに似た見たことのない動物がいるのに気が付い
た。男たちは慌てて集落に取って返し、槍を手にして戻り、干潮を待って、
潮だまりの中に、モッコクの木の皮をつぶしたものを入れた。モッコクの
毒が効いたと思われたころ、動物を槍でつつくと、おどろいたことに、動
物はまったく毒が効いておらず、男たちは逆に動物によって、岩の上に追
い詰められてしまった。しかし、勇敢な男が、モッコクの丸太で動物をな
ぐり、他の男たちも岩をなげつけて、ようやくこの動物を倒すことができ
た。このような伝承である（安渓編　2017）。

　おそらく、この伝承に登場する動物とは、黒潮に乗って流されてきたワ
ニではなかったかと考えられている（『南島雑話』には島に漂着したワニ

の絵が描かれている）。肺呼吸を行うワニには、サポニン毒が効かなかったわけであるが、西表島では古くからモッコクが魚毒として使われてきたことを示す、一つの証拠といえるだろう。

　他の例としては、冊封使の記録をあげることができる。琉球王国時代、王府は、国王の代替わりごとに中国（明および清）からの冊封使使節を迎えた。この使節団は琉球からの帰途にあたって、数カ月の風待ちをする必要があり、その間、必然的にさまざまな琉球の文物や風物を見る機会を得ることになった。特に 1534 年以降は、各使節団は中国に戻って後に、「使琉球録」と呼ばれる見聞録を残す慣例となり、これは当時の琉球についての貴重な情報源となっている（岡本　2012）。

　1719 年、冊封使として琉球に渡り、8 カ月あまりも琉球に滞在してのち中国に帰還した徐葆光の記述した『中山傳信録』（原田訳註　1982）には物産という項目の中に、当時の琉球で栽培されていた作物のほか、徐が見聞きした樹木や果物、鳥獣や魚類に関する記述がある。

　例えばアダンに関する記述を抜くと「葉が長く、両辺に棘がある。長らくたつと、林ができ地中根がでてからみあい、丈夫な垣にすることができる。葉で筵をつくれるし、根から縄ができる。花を開くのが男木で、白く蓮のような花弁が、その先をあわせ左右からおりたたんだようになって十あまりの花びらがまっすぐに立つ。（中略）（実は）大きさは瓜ほどで、模様がそのまま突起になり、それらはみな六角であって、食べられる」となっており、実際のアダンによくあてはまる記述となっていることがわかる。また、これとほぼ同じ内容の記述が、1755 年に冊封副使に任命されて渡琉した周煌の『琉球国志略』（原田訳註　2003）の中や、1799 年に冊封副使に任命されて渡琉した李鼎元の『使琉球記』（原田訳註　2007）の中にも見られ、『中山傳信録』の記述が以後の冊封使録に大きな影響を及ぼしていることがわかる。

　『中山傳信録』の物産の章には、「野菜」「木」「花」「果物」「竹」という区分で植物の記述がなされている。それぞれにあげられた種数は、以下の通りである。

　「野菜」　30 種（これらに加え、キノコ 3 種、海藻 4、5 種の名もあげられている）

「木」　25 種

「花」　約 48 種

「果物」　23 種

「竹」　11 種

　この数字を見てわかるように、食用になる植物（野菜や果物）や観賞用の植物（花）の割合が多いのは、王府の客として接待される日々を送った冊封使の記録であるからだろう。また、多くの植物はその名だけを列挙されており、その中で特に選ばれたものが説明文をつけて紹介がなされるという構成となっている。

　『中山傳信録』には「木」の項に地分木という名称の木があげられており、「白い花が叢生して冬に開く。毒があって、魚を酔わせる」と魚毒に使われていたという説明がなされている。この地分木の正体について、冊

サンゴジュ
沖縄島や久米島で魚毒として
使用された。川でウナギを捕
るのに使ったという

封史録の注釈書を手がけている原田禹雄はサンゴジュであろうという推定を行っている。サンゴジュの地方名にワジチという名があることから、ワジチが分地木と表記され、さらに地分木に転じたという推定である（原田　2002）。表記からの推定は別として、サンゴジュは春期に白い花を叢生させ、魚毒として利用される木であることは事実である。また、聞き取り調査の結果から、サンゴジュの魚毒利用は、琉球列島のうち、沖縄島北部（A 43、A 44、A 54、A 59）及び中部（A 61）と久米島（A 67、A 70）からのみ聞き取っている。なお、奄美大島（A 13）と徳之島（A 20、A 22、A 26）からはサンゴジュではなく、同じくレンプクソウ科に属す、ゴモジュの魚毒利用が聞き取れている。このことも、地分木がサンゴジュであるという推定に反さない。また、『使琉球記』には地分木は、葉に毒が有ると書かれているが、サンゴジュは魚毒として利用する場合、葉を使用するので、これも推定を支持している。なお、文献調査では、王宮のあった首里と距離的にそれほど離れていない、沖縄島中部・西原町においてサンゴジュを魚毒として利用している記録がある（西原町教育委員会編　2004）。南城市佐敷町小谷には、ササギという呼称もある。

　『使琉球記』には首里の王宮内に地分木が植えられていたという記述がある。これはおそらく観賞用に栽培されていたものであると考えられ、実際に魚毒漁に使われたことはなかったであろう。

　『中山傳信録』の中に魚毒利用との関連は書かれておらず、「花」の項に「人家の石垣の上に植えられていることが多い。防火に役立つ」という説明とともに紹介されているのが、吉姑羅と表記されている植物である。「幹はサボテンに似ており、葉はベンケイソウに似」、「福禄木（ふくろぎ）という」という記述もみられる。原田禹雄は『琉球国志略』の中で、吉姑羅にキリンカクの名をあてている。トウダイグサ科の多肉植物のキリンカクは、『南島雑話』（名越　1984）にも「麒麟角（フクロギ）一名覇王鞭」と言う名で紹介されている。日本本土では、キリンカクが1763（宝暦13）年刊の『物類品隲』（平賀源内著）に「近年、琉球ヨリ来ル」という渡来の記録が残されているため、それ以前より琉球列島にこの植物が渡来していたことは明らかであるが、『中山傳信録』からは、さらにさかのぼり、18世紀初頭にはキリンカクが栽培されていたことがわかる。本書、冒頭の石垣島・白

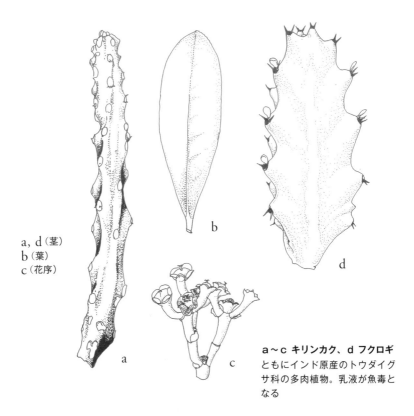

a, d（茎）
b（葉）
c（花序）

a〜c キリンカク、d フクロギ
ともにインド原産のトウダイグ
サ科の多肉植物。乳液が魚毒と
なる

保、轟川での魚毒漁に使われた魚毒植物はモッコクと、キリンカク（地方
名、フクルンギ）である。『中山傳信録』の記述から、キリンカクは観賞用、
防火用として生け垣などに植栽されたものが、島によって魚毒として転用
されるようになったものだろうと考えられる。

3－8　琉球列島の魚毒植物の変遷

　キリンカクは、『中山傳信録』や岩崎卓爾の記録にも登場する、「由緒正
しい」魚毒植物であるが、琉球列島の魚毒植物の聞き取りにおいては、ほ
とんどその使用を聞き取ることができなかった。唯一、それらしき魚毒植
物について聞き取れたのは、石垣島ではなく、石垣島から遠く離れた沖永
良部島であった（A 34、A 35）。ただし、ややこしい問題がある。それは、

キリンカクと同じトウダイグサ科のサボテン状の多肉植物に、フクロギという植物があることである。両者とも枝が多数分岐する柱サボテンのような姿をしているが、キリンカクのほうは、幹の頂部に多肉質の葉が輪生する。なお、両種ともインド原産で、世界各地に広がっている。さらに、この両種とも魚毒として利用可能であり、移入された土地で魚毒として利用されている報告がある。キリンカクはフィリピンで魚毒として使われており、フクロギはボルネオで魚毒とされている（河津　1967）。

　もう一度、各記録の表記を見てみることにする。

　『中山傳信録』には、吉姑羅（福禄木　ふくろぎ）の名が登場する。1769年に刊行された「中山傳信録物産考」は、『中山傳信録』を岡村登が和訳し、図譜を添付したものだが、この中には「覇王鞭草」の名で、キリンカクと判断できる植物の絵が紹介され、「蛮名ユウホルビウム」と書かれている。一方、「吉姑羅」の解説には、キリンカクともフクロギとも思えない絵が添えられ、「一名火鳳又名福禄木　薩州方言　緋蓮花」とある。

　『南島雑話』には麒麟角（フクロギ、一名覇王鞭）の名に添えられた図は、キリンカクを思わせる葉を持つ多肉植物が描かれている。

　キリンカクの別名がフクロギとされていることがあるため、これらの文献からだと、どちらの植物が魚毒として使われていたのか、判別しがたい部分がある。

　聞き取り調査では沖永良部ではミークラニギーという多肉植物が魚毒として使用されていたという。その沖永良部島の植物方言の報告には、以下のように2種の植物の方言名を、学名と共に紹介している（池田1989）。

・フクロギ…方言名ミークラギ　*Euphorbia antiquorum*
・キリンカク…方言名フクロギ　*E. neriifolia*

　沖永良部島では、キリンカク、フクロギの両種とも栽培がなされていたけれど、そのうち魚毒として利用されていたのは、フクロギのほうであったということになる。では、石垣島・白保で魚毒として利用されたのは、どちらの植物であるだろうか。沖永良部島の例からすると、キリンカクではなくて、フクロギではなかったかと思える（ただし、両者を区別せずに使っていた場合も考えうる）。

ところで、『和泊町史　民俗』には、「フクロギ（方言名：クシヤバニジ、ミックラニジ）は、石垣によく生えていた。汁が目に入ると盲目になる」（和泊町誌編集委員会編　1974）と書かれている。ところが、沖永良部島での聞き取り調査（2017年）のおりに、話者にフクロギの生えている場所に案内してもらおうとしたところ、話者の記憶した場所にフクロギの姿はなく、「この前まであったのに」と、話者が不思議そうな顔をしていたのが印象に残った。どうやら、沖永良部島では、かつて民家の石垣に、フクロギがよく植えられていたが、住居環境の改善の中で、フクロギは徐々に姿を消していったようだ。

　また、多良間島での聞き取り調査（2017年）では、魚毒植物として聞き取ったのはルリハコベのみであり、また文献からは、他にリュウキュウガキとタバコが魚毒として使われる（多良間村役場・観光振興課　2013）とあり、魚毒としてフクロギやキリンカクが使われることはなかったようだが、多良間村のふるさと民俗学習館を訪れた際、村内の「希少植物」という表示のもとに両者が植栽展示されており、多良間島でもかつてはこの両者がよく植栽されていたものの、現在はほとんどその姿を見なくなっていることを知った。同じ宮古諸島の伊良部島ではキリンカク（方言名：とぅんぎー）は魚毒としての利用はなかったが、粘液をたむしの薬にしたとあり、また、畑のわきにヤギよけの有刺鉄線代わりに植えていたと書かれており、多良間島でも生垣のような利用が行われていたのではと考えられる。

　このように、海外から導入され、一時、各島で盛んに栽培されるようになり、一部の島で魚毒としての利用もみられるようになったのだが、時代の推移とともに、魚毒としての利用だけでなく、栽培そのものもみられなくなったのがフクロギやキリンカクであるといえる。

　さらに文献を調べると、聞き取り調査では魚毒植物として名を聞くことがなかった島においても、かつてフクロギを魚毒植物として利用していたこともわかった。

　一時、国頭農学校の校長も務めた博物学者・黒岩恒が戦前の八重山の魚毒漁について報告している。その内容を意訳すると「淡水産の魚類にはすべて植物の茎、葉を用いる。石垣島名蔵河畔の泥沼で、野生のタデの葉を

砕いたものを投入してフナ、ウナギ類を捕らえるのを目撃した。またフクロギの枝葉を細かくしたもので毒殺するのは、沖縄島と同じである。又海魚を毒殺するにはナマコ類の煮た汁（ナマコの一種を細かくし釜に入れて煮た、黒紫色の汁）を干潮時に沿岸の岩礁間に投入する。この方法はきわめて効果の高いものであり、おおよそ海水に対して一万分の一を入れると、生命を保てるものはほとんど希である」（黒岩　1895）というものである。この中で着目すべきは、フクロギを魚毒として使用していたのは、石垣島では白保だけの話ではなかったし、沖縄島でも行われていたという点である。沖縄島においても、現在、フクロギはその姿もほとんど見ることのない植物である。なお、沖縄県の新聞の自然関連の記事をとりまとめた資料（『沖縄県史資料編24　自然環境新聞資料』）の中に、紙名は不明であるが、1930（昭和5）年5月25日の「沖縄に繁殖する二つの薬草」と題された記事が紹介されており、その記事中に、ミフクロギ（俗称フクルギ）の名で「県内一般に多数生垣用として栽殖し」とあり、フクロギが往時、普通に植栽されていたことがわかる。

　また、2013年に白保で魚毒漁についての聞き取りを行った際、話者は轟川で行われた雨乞い行事としての魚毒漁の体験談を語ってくれたが（A83）、使用した魚毒植物はモッコクのみで、すでにフクロギを使ったという話は聞き取れなくなっていた。

　こうしてみていくと、冒頭で紹介した岩崎卓爾による白保の魚毒漁の記録は、かつてフクロギが魚毒漁として使用されていたことを物語り、ひいてはまたそのフクロギのように、身近にみられた植物の中にもいつのまにか姿が消えていったものがあるということを示す、貴重な資料の一つであるといえる。

3－9　新たな魚毒植物・デリス

　長沢は、久米島の魚垣を利用した魚毒漁について聞き取り、その報告を行っている。魚垣とは、イノーに石を積み上げ、潮の満ち引きを利用して、積み上げた石垣の中に魚を閉じ込めることで捕獲を容易にする原始的な漁法の一つである。久米島では魚垣はユウカチ、イッカチと呼ぶが、利用さ

れていたのは、たいてい大正時代くらいまでであったという。このうち、島尻のウィーナタイガチという魚垣では魚毒を使用して、毎月一回の干潮時に魚を捕っていた。

「潮がひいて池状になった魚垣の内側にはササカンダやイジュあるいはデリスなどの植物毒が投入され、毒にマヒして水上に浮きあがってきた魚を網や手づかみで捕えるというのがこの魚垣における漁法である」とあり、また、使用された魚毒植物は、デリス属のトバのほか、シイノキカズラ、イジュ、リュウキュウガキ、ルリハコベ、サンゴジュ、ヤブツバキ（種の搾り粕）、サザンカ（種の搾り粕）であった。マメ科デリス属のシイノキカズラは、ササカンダと呼ばれ、「野生種中でもっとも魚毒効果の大きいもの」であり、「ササカンダは山中にたくさん自生しており、このツルを刈りとって束ね、石の上にでもおいてゲンノウでたたいてつぶす。杵でつ

トバ（デリス）
デリス属の栽培種。東南アジア原産だが琉球列島でも見ることがある。根を掘りとり魚毒とする

84

いてもよい。つぶした茎の束は魚垣まで運ばれ、石垣にそれを打ちつけて
汁を海中に流す」（長沢　1982）。

　長沢は、日本本土の魚毒漁と比較し、琉球列島の魚毒漁は「使用される
漁毒植物から見るかぎり、イジュ・ルリハコベ型の基礎的な構成を示し、
その上に東南アジア的なトバ・シイノキカズラ型（デリス型）の要素がか
ぶさっていて、複雑なパターンをあらわすのである」（長沢　2012a）と
している。ただし、琉球列島の聞き取り調査の中で、在来のマメ科・デリ
ス属植物であるシイノキカズラの魚毒利用は、波照間島でしか聞き取れて
いない（A 85）。ほかに、文献調査から得られたのが、上記の久米島の例
である。これからすると、琉球列島にはシイノキカズラの利用はあるもの
の、琉球列島の魚毒植物の特徴をあらわすのに、「東南アジア的なトバ・
シイノキカズラ型（デリス型）の要素がかぶさって」いると言っていいか
どうか躊躇を覚える。

　一方、確かにトバ（デリス）の利用は各地で見られる。熱帯原産のトバ
は琉球列島の中でも栽培が可能であり、何より魚毒としての効き目が強い
という特徴がある。そのため、導入されると、それまで使用されていた魚
毒植物の代わりに広く使われるようになったと考えられる。しかし、こう
した利用はいったい、いつごろから始まったものであろうか。「トバ・シ
イノキカズラ型（デリス型）の要素がかぶさって」という場合、いつの時
代の魚毒漁を指していうのかということが問題となりそうだ。

　琉球列島の島々にトバが導入された時期や経緯はまだ十分に明らかにで
きておらず、今後の課題として残されている。ただし、聞き取り調査から
は、デリスの移入は、そう昔にはさかのぼる話ではないと思える証言をい
くつか聞き取った。

　デリスの魚毒使用については奄美大島（A 7、A 8、A 10、A 11、A
12 など）、徳之島（A 21、A 23、A 27）、沖永良部島（A 32，A 35、A
37）、沖縄島（A 43、A 52、A 54 など）、久米島（A 67）、石垣島（A
84）、西表島（A 85）から聞き取っている。

　例えば沖縄島・国頭村奥の話者（A 37）によると、もともと魚毒植物
としては、「デリスや青酸カリなどはなかったから」イジュが使われていて、
デリスは戦後になって、お茶栽培に使用する農薬として、粉末製品が集落

の共同売店で販売されていたのを魚毒に利用するようになったという。また、それとは別にトバ（デリス）は植えられてもいたが、これは魚毒には使用しなかったともいう。

これからすると、沖縄島でデリスが盛んに魚毒として利用されるようになったのは、戦後になってからのことのようだ。なお、同じ沖縄島でも、名護市・底仁屋（A 54）のように粉末製品ではなく、植栽されたトバ（デリス）の根を魚毒として利用する場合もあった。

奄美大島の聞き取りでは、「デリスが入ってからは」という表現がなされ、また徳之島の聞き取りでも「デリスは後で栽培するようになりました」（A 23）や、「デリスも内地から来ました」（A 27）といったように、話者自身の体験として、デリスの利用の始まりについてが語られている。

また、沖縄県におけるトバ（デリス）栽培は、戦後の一時期、奨励されたというのは資料からも読み取ることができる。

1954 年に出された「琉球におけるラミー等特用作物の生産並に加工等に関する報告書」（三井栄三述・琉球政府経済局）が『沖縄県農林水産行政史　第 13 巻』（沖縄県農林水産行政史編集委員会編　1973）に掲載されている。その中に以下の記述がみられる。

「最近は各種の合成農薬及家庭薬が新に製造され盛んに使用されるようになってデリス除虫菊等天然品の需要は可成り圧縮されるに至った。併資源上においては合成品にはなお可成り欠点のあるものもあり、また危険を伴うものもあるのでデリス、除虫菊等の天然品は以前から使い馴れた薬剤でもあるので今なお相当の需要があり、特に家庭用及家畜用としての需要は可成りの数量に及んでいる」

なお、この報告書によれば、デリスの 1949 ～ 53 年の平均輸入高は約 94t で、殊に 1953 年には 187t 余の輸入を見たともある。そのため、「日本における需給の現状から見て琉球におけるデリスの増産は可能であろう」と紹介されており、戦後の一時期、琉球列島でのデリス増産が計画されていたことがわかる。

また、徳之島の話者（A 23）は「デリスは後で栽培するようになりました。それは海で毒を使うのを禁じられてからです。防虫剤で使おうと思って栽培したが、薬が使われるようになってデリスは（農薬としては）使いませ

んでした」と語っている。すなわち、少なくとも話者の地域では、トバ（デリス）は戦後に植栽が奨励、農薬への使用が試みられたが、実際は農薬として使われるようになる以前に化学薬品の農薬が出回るようになったということのようだ。これからすると、植栽、粉末を含めてデリス類の魚毒利用は、比較的短い期間に限られた話ではないかと考えられる。こうしてみると、琉球列島において、トバ（デリス）を魚毒として受容する文化はあったが、もともとトバ・シイノキカズラ型の要素であったとは言い難いのではないだろうか。

3 - 10　魚毒漁と水田漁撈

　文献によると、芭蕉布の里として名高い沖縄島・大宜味村喜如嘉での魚毒漁は、以下のようなものであったという。

　「ササ入れに使われる毒草には、イジュの木の皮やミンナグサ（るりはこべ）を用いる。イジュの木の皮を用いる時は、川や水などで大規模にやるときで、ミンナグサを用いる時はイタピシ（波打ちぎわの岩）の水溜りや小規模の時である。イジュの木の皮でササ入れをするときには部落内ではあまり行われず、山奥の川でやるのが普通である。なぜなら部落内の川でササ入れをすると、小魚までもすべて毒にやられて死んでしまい、その後の収穫ができなくなるからである」

　「ササ入れの時は 20 名近くの人数で山奥の川にゆき、川の上流でやる。ササの作り方はハンジャ（つる草）で枠を造り、それを水辺に於いて、その枠の中にイジュの木の皮を入れて石で叩く。徐々に毒がまわり、翌朝になるとフナ、コイ、ミークイ（50 センチ程の川魚）、ウナギ等が浮かび上がったり、穴の中より這い出てくる。そのように毒にやられた魚を朝から昼頃にかけて取り集める。ウナギは深みに沈んで潜ってとり、他の魚類は浮かび上がるので、取り集めて塩づけにしておく」

　「また部落の田圃を流れている水道では、毎年一回定期的にササ入れが行われる。ササ入れはミイメー（年中行事）が終わってから、部落の事務所で日を決めて行われる。その日は水道の利用権取得のための入札が行われる。その入札で落札した者がその水道に稲を植えたりアニク（引用者注：

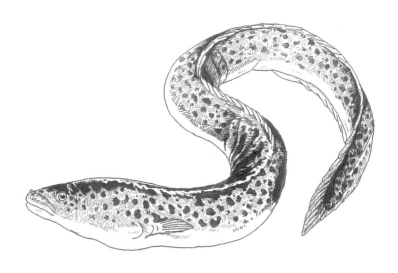

オオウナギ（胴の太さ 45㎜）

筌のこと）を仕かけたりすることができる。ササ入れをすると部落民多数
が水道に入り、ウナギやその他の魚をとる。それから川でウナギを見つ
けたりすると、その穴の入口を石や土、バーキ（竹籠）のこわれたもの
などで囲って、その中に伊集（引用者注：イジュのこと）の木の皮のサ
サ入れをして這いだしてきたものを摑まえる」（名嘉間　1981）。

　喜如嘉の場合、魚毒漁を行う場所は、①海の潮だまり②山奥の川③田ん
ぼの間を流れる水路に大別できる。

　現在、琉球列島の島々では田んぼは、ごく限られた島や地域でしか見ら
れないものとなっている。しかしこうした現象は 1960 年代以降のことで
あり、例えば沖縄島では 1963 年の大旱魃を機に田んぼのサトウキビ畑へ
の切り替えが急速に進み、奄美大島では国による減反政策が行われるよう
になった 1970 年以降に田んぼが急減している（盛口　2011）。

　田んぼが各地にみられたころ、田んぼは稲を栽培する場所というだけで
なく、田んぼやその周辺はエビやタニシ、フナ、ドジョウ、ウナギ、水草
など、副食となるさまざまな生き物が得られる場所でもあった。田んぼで

ウナギを捕ったという話は、各所で聞き取ることができた。また田んぼで捕れるウナギと、川で捕れるウナギは、種類も呼び名も異なっていた。例えば、田んぼのものは奄美大島・瀬戸内町手安ではタウナギとよび、これはウナギそのものであり、川のものはコーウナギと呼び、これはオオウナギのことであった（Ａ８）。田んぼの中にすんでいるウナギやフナ、ドジョウを捕るために魚毒を使ったという例はこれまで聞き取っていない。上記の喜如嘉の例のように、魚毒を使ったとしても、田んぼのわきの水路であり、もっぱら琉球列島の淡水域で魚毒を使うのは、主には川でオオウナギを獲物とする場合が多かった。

　西表島祖納でも、田んぼのウナギはミタオーニ（またはアマリオーニ）、川のウナギはカラオーニと呼び分けられていた。そして田んぼのウナギを捕る方法に、魚毒ではなく、冬場、夜、田んぼの中で寝ているウナギを見つけ、ノコギリで切り付けて捕るという、オーニケリという独特の方法があった（安室　1988）。

　安室は、琉球列島だけでなく、日本本土も含め、こうした農業に携わる人々にとっての魚や貝、エビなどの利用を水田漁撈というタームによって包括し、その重要性を指摘している（安室は、水田漁撈について注目する際には、前提として「農民漁業」の概念へも注目する必要があるとしている）。安室は内水面を自然水界（河川系、湖沼系）と人工水界（水田用水系）に分けている。その人工水界（水田用水系）で行われてきた漁撈は従来あまり注目されてこなかったが、稲作を中心とした人々の暮らしの中で、一番身近な水界は人工水界であり、かつそこでの漁撈は以下のような重要性があると指摘しているのである。

①自給的正業（動物性たんぱく質獲得法）として重要
②金銭収入源としての重要性
③水田漁撈が生み出す社会統合（稲作水利社会を支える協働性の確認と強化）
④水田漁撈の娯楽性

　水田漁撈は田や用水という人工的な水界で行われる漁撈であるため、田への水入れ、田からの水落としなどの人為による影響を強く受け、すなわち水田耕作のサイクルの中に組み込まれた形で見られる漁撈である一方、

降雨や自然水界である河川の氾濫などの、人為を超えた自然の影響も強く受けるものである。こうした水田漁撈の対象となるのは、ドジョウ、フナ、ナマズ、ウナギ、タウナギ、タモロコ、メダカ、タナゴ、タニシ、淡水二枚貝、淡水エビ、淡水カニなどであり、安室はこれらをまとめて水田魚類と呼んでいる。また、この論考の中で、安室は、日本列島における水田用水系は多様であることを指摘し、それにより、水田漁撈も多様な形態が見られることにも触れている（安室　2005）。

　先に、魚毒漁は公によって何度も禁止されてきた漁であるということを紹介した。安室によれば、水田漁撈もまた、公によって禁止されてきた側面があることが指摘されている。それは、米が税であったころ、田んぼはその税を生み出す場であり、田んぼの魚を得ようと、畔を歩き回ることは、時に畔を崩すような行為と結びつくため、税の欠損を生み出す負の要因とみなされたわけである。

　「公の論理では水田漁撈は田を荒らすものとして排除すべきものとされる。（中略）こうした公の論理とは違って、水田漁撈はまさに民の論理側にある行為である。規制の文言以外には公の記録や統計にはまったくといってよいほど水田漁撈は取り上げられることはないが、その大きな要因にこうした公の論理があったと考えられよう。それは一般農民にとって生活維持上の重要性とはまったく別の次元の問題である。こうした規制が繰り返し強調される背景には、一般農民の間でのかなり普遍的なクモリカチ（引用者注：田んぼの水口にできる深い水たまり）をはじめとする水田漁撈の存在があったと推測される」（安室　1988）

　琉球列島において、この水田漁撈に関する禁令と、魚毒漁の禁令について、比較、考察をしてみることとする。

3－11　琉球列島における魚毒の禁止令

　琉球王府時代、現在の市町村にあたるものとして、間切・島に行政区分がなされていた。この行政区分は 1907（明治 40）年まで温存される（『沖縄大百科事典』）。また、起源は不明であるが、各間切では、間切ごとに定められた制度である間切内法が王府の指導で作成され、執行された。その

内法の内容は、1885（明治 18）年の調査によって届けられた資料（「沖縄県旧慣間切内法」）によって明らかにされている（『沖縄大百科』）。『沖縄県史　第 14 巻資料編 4 』に掲載された「沖縄県旧慣間切内法」にみられる、各間切内法のうち、水田漁撈を禁止した内容には、次のようなものがある。

「小禄間切各村内法」
第 8 条　田方ヨリ魚ヲ取ル為メ網ヲ放チ諸作毛ヲ害スル者ハ拾銭以上壱円以下ノ料金申付也。

「高嶺間切各村内法」
第 8 条　田方並堀等ヨリ魚捕ル為メ網ヲ放チ作毛ヲ害シ或ハ鰻ヲ捕ル為メ田方ノ畦畔ヲ取崩ス者ハ（以下略）。

　では、魚毒漁を禁止したものはあるだろうか。見ていくと「粟国島内法」の中に、「74 条　海毒草ノ類ヲ入捕魚スルモノ（以下略）」として、魚毒漁の禁止についての条項が見られた。しかし、琉球列島では各地で魚毒漁について聞き取れた反面、戦後、一斉に魚毒漁が禁止となる以前の魚毒漁についての禁止令はそれほど目につかない。上記村内法以外の禁止令としては、喜界島の例が知られている。
　日本常民文化研究所編の「喜界島阿傳村立帳」によれば、明治期、農業が盛んで喜界島一の富村とされた阿傳の村内法（1897・明治 30 年）には、表 5 にあるように、各種の規制と、それを破った場合の罰則が定められていたが、その中に、海での魚毒漁の禁止条項がある。これによれば、村のソテツ山から、許可なく燃料用のソテツ葉を採ることに比べ、魚毒漁を行った事に対する罰金はかなり高いことがわかる。ただし、魚毒漁の禁止は、3 月 3 日だけは例外とされていた。
　「毒流しのこと、方言では草を入れるといふ。ミッチャイーといふ草を臼にて搗き、干潮時には魚の多くゐる潮溜りにこれを投じ毒死させて捕ふ。無暗にこれを行ふと魚族が減少するので禁じられたものであるが、3 月 3 日の節句には、海の物を鍋に入れなければ聾になると謂はれ汐干狩が盛ん

91

表5　喜界島阿傳において、明治30年の村内で決められた罰則（喜界島阿傳村立帳より）

所為	罰金	（黒糖での代納）	備考
茅山盗	30銭	10斤	馬草とする
薪山のソテツ薪取	同上	同上	畑の畔のソテツも同じ
薪山薪盗	15銭	5斤	
黍骨取	同上	同上	サトウキビの枯れたもの。燃料
砂糖小屋にて黍喰	30銭	10斤	
海毒流し	2円	60斤	1人あたりの金額

で、此の日丈は許されたのである」（アチックミューゼアム編　1973）

　琉球列島の多くの島で、3月3日はハマウリと呼ばれ、浜辺で一日過ごすのが恒例となっていた。例えば沖縄島・国頭村奥では、3月3日はサンガッチサンニチーといい浜下りの日とされていて、「昔はごちそうを作って浜におりた。潮干狩りもする日でもあって、男たちがとって来た獲物を浜で煮て皆で食べた」（奥のあゆみ刊行委員会編　1986）というのがかつての習わしであった。阿傳でも、この日だけは浜で魚毒漁により、獲物を捕ることを許可していたわけである。

　ただし、「喜界島阿傳村立帳」を見ると、この魚毒漁への禁止条項は、時と共に変化している。

・1905（明治38）年

　「海毒流し1円（ただし旧10月より翌年4月中旬までは其限りに非ず）」

・1912（明治45）年

　「海毒流し　1円　但し10月より来4月中は此限りにあらず」

　このようにあって、後年になると、3月3日だけでなく、秋〜春にかけては、魚毒漁を可とするようになっているのである。

　さらに、喜界島の漁業調査を行い、その結果を1941（昭和16）年に著した岩倉は、「三四月頃に生えるミッチャイーといふ草を臼に搗いて、海外のフムイに入れると所謂スネィユが毒死するので、古くはサイリー即ち草入れと言ってこれを行う事があったが、現在は禁じられている」と記述している（ミッチャイーはルリハコベ、フムイは潮だまり、スネィユは潮だまりに棲む小魚のこと）。阿傳においては、海岸での魚毒漁は、3月3日という特定の日のみ、限定的に行われていた形式から、季節限定で

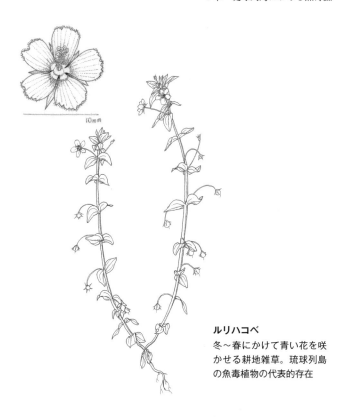

ルリハコベ
冬〜春にかけて青い花を咲
かせる耕地雑草。琉球列島
の魚毒植物の代表的存在

許可されるものへと変わり、さらに全面的な禁止に至ったということにな
る。なお、岩倉は、川の上流域で行われていたウナギを獲物としたサン
ショウを使った魚毒漁も現在は禁止されているとも記述している（岩倉
1973）。

　一方、2017 年に喜界島で聞き取りを行ったところ、阿傳での聞き取り
調査を行えなかったのであるが、その他の集落では、かつて潮だまりで
の魚毒漁を行ったという話を聞き取れた（A 14 〜 17）。即ち、喜界島で、
全島的に魚毒漁が禁止されたわけではないわけである（阿傳においても、
岩倉の調査以後、魚毒漁がずっと禁止のままであったかどうかは不明で
ある）。

　このようなことから、琉球列島においては、本土に比べると公的な魚毒
漁への禁止は強く働いていなかったのではないかと考えられる。魚毒漁を

禁止する場合であっても、島や、集落単位の決め事として執り行われ、さらにその禁止も状況によって、より厳しくなったり、よりゆるくなったりという変動をみせている。

　これは、琉球列島の集落での魚毒漁の場合、集落前の特定の潮だまりや、集落近くの小さな河川で行われる場合が主であり、魚毒漁の影響が他集落へ及ぶことがほとんどなかったからではないかと思われる。特に潮だまりでの魚毒漁の場合、水田漁撈と異なり農作物への影響は考えられず、この点もあまり公的な規制が行われなかった原因であるだろう。なお、本土の場合、雨乞いが国家の独占的な呪術であったことに起因して、強い規制が生み出されたのではないかという論考が提出されているが、それからすると、琉球王国においては、国家的な呪術としての雨乞いと魚毒の関連付けは、強くないということもいえるだろうか。

　なお、こうした明文化された禁止令ではなく、集落によって、決められた日に行う集落全体の魚毒漁以外に、個人での魚毒漁を禁止している集落や、集落内の川での魚毒漁の禁止などを慣行としてきた例は見られるが、やはり集落ごとに、それぞれ異なった内容の禁止条項を定めていたということができる。

3－12　魚毒漁の日常性と非日常性

　喜界島・阿傳の魚毒漁は、３月３日という特別な日に行われたもののほか、日常的に行われる場合があったことが、期間を決めて漁を許可していた時代があったことからわかる。先に紹介した喜如嘉の例においても、特定の日に集落全体が参加する田んぼの水路で行われる魚毒漁のほかに、何人かで行われる集落から離れた川で行われるウナギを目的とした漁や、集落前の潮だまりで行われる漁があった。

　喜界島の場合、潮だまりの魚毒漁は、スネィユを捕ることが目的とされていた。スネィユとはムットゥビー（トビハゼ）、フッチャー（カエル魚）等の元来潮だまりなどをすみかとする魚のほかに、幼魚の間だけ潮だまりに見られる、クヂョーワー（クイエの幼魚）、エーミンカー（エーミーの幼魚）、サギャンカー（サギャーの幼魚）、クルビランカー（クルビラーの

幼魚）、ムムハビル（タドウッカの幼魚）、ヒッチョッカー（ヒチの幼魚）
等も含まれていた。また、ムットゥビーは、魚毒漁だけでなく、銛で突く
漁も行われていた。喜界島では、9、10月にはムットゥビーがおびただ
しく増加する。その時期になると、闇夜の干潮時に、潮だまりでの漁が行
われ、たくさん捕れたムットゥビーは、干してダシ用とされた。

　「島では唐芋を主食とする故か、日常の食事には副食物のダシが八釜し
く要求され、ダシのない野菜の煮物や汁はまことにあぢきない食物とされる。
磯の物はこのダシに用ひられるもので、磯へ下りる事を汁のダシを取って来
ると言ふ」（岩倉　1973）

　喜界島において、1936（昭和11）年に農家の日常の食事を書き著した
貴重な記録がある（拵　1973）が、この記録のうち、2月の末の時期を
抜き出し表にしたものが、表6であるが、これを見ても、確かに日常の食
に雑魚ダシがよく登場している。

　私たちの現在の生活において、ダシといえば鰹節をすぐに連想するが、
当時の人々にとって、鰹節は高級品であり、自給できるダシとして、潮だ
まりで得られる小魚が重要な存在であり、その小魚を得る方法の一つに、
魚毒漁があったということになる。そのような需要があったからこそ、魚
毒漁は一律には禁止しがたいものであったのではないだろうか。

表6　1936年における喜界島の日常の食（袴　1973より）

2月27日	朝：雑魚ダシのタマナ汁と唐芋
	昼：同上
	晩：コメのお粥と味噌
2月28日	朝：タマナ汁と唐芋
	昼：生味噌と芋
	晩：朝の温め汁と芋
2月29日	朝：大根汁（雑魚ダシ）と唐芋
	昼：同上
	3時：ソーメンを雑魚のダシで煮て食べる
	晩：ソテツ粥と朝の汁
3月1日	朝：タマナ汁と唐芋
	昼：同上
	晩：生味噌と唐芋
3月2日	朝：大根汁と唐芋
	昼：同上
	晩：お粥と味噌
3月3日	＊砂糖製造の日
	朝：白米、タマナ汁と豚
	昼：御飯とタマナ汁
	晩：タマナ汁にソーメン
3月4日	朝：フダンソウ汁（+肉）と唐芋
	昼：同上
	晩：ソテツ粥と味噌（今日で去年の豚食終り）
3月5日	朝：大根汁（雑魚ダシ）と唐芋
	昼：同上
	晩：ソテツ粥と大根汁
3月6日	朝：大根汁、唐芋、豆腐半丁
	昼：大根汁、唐芋
	晩：同上
3月7日	朝：雑魚ダシのタマナ汁と唐芋
	昼：同上
	晩：ソーメンを入れたタマナ汁と唐芋

3－13　魚毒漁の多様な目的

　魚毒植物は、地域によって多様な植物が使用されていたわけであるが、魚毒漁の目的もまた多様であった。例えば本土の魚毒漁の例として取り上げた山形県小国町の例（2－5）では、年に2回、盆と神社の祭礼の時にだけ、村中で参加して魚毒漁を行うことになっており、その時以外の魚毒

漁は禁止されていた。しかし地域によっては一つの集落内において、多様
な目的の魚毒漁が行われている場合がある。例えば、魚毒漁は「子どもの
遊び」としてしか位置づけられていなかった池間島の例（A 73、A 76、
A 77）がある一方、これから述べる沖縄島・国頭村奥では、集落内で多
様な魚毒漁が行われていた。

　奥では、魚毒植物として、イジュ、ルリハコベ、サンゴジュ、タバコ、
デリス（農薬用として市販されていた粉末）が使用された。使用された魚
毒植物の時代による変化もみられ、集団で行う大規模な魚毒漁にイジュを
使用したのは戦前のことで、戦後はより効果の高いデリス（粉末）が使わ
れるようになった（A 44）。また、魚毒植物には、魚毒の効き目の弱いも
のと強いものがあるが、使用目的にあわせて、使用する魚毒植物が選ばれ
ていた。魚毒としての効果の弱いルリハコベは、奥においては子どもの遊
びとしての使用に限定されていた（A 48）。後述するが、アイゴの稚魚（奥
の言葉ではヒク）を捕獲する際は、毒がデリスほど強くはないイジュがあ
えて使用された（A 44）。イジュやデリスは川と海、双方で使用されたが、
テッポウダマギーと呼ばれたサンゴジュを使用するのは川での魚毒漁に限
られていた。子どもたちは、クサバー（ベラの仲間）を立ち泳ぎで釣ると
きに、その餌となるタコ（イヌジー）を必要としたが、そのタコを穴から
追い出すのに使うという、非常に限定的な使われ方をした魚毒植物にタバ
コがあった（A 46）。

　魚毒漁が行われる場所も、海と川に二分できる。また、魚毒漁は、集落
全体で行われる集団魚毒漁と、グループまたは個人などで行われる魚毒漁
に大きく二分できる。奥では魚毒または魚毒漁のことをササと呼ぶが、集
団による魚毒漁はブレーザサと呼ばれる。さらに大人が食料を得るために
行う漁と、子供が遊びとして行うものとにも二分できる。これらの区分を
表にすると表7のようになる。

　川での魚毒漁の主な獲物はウナギである。奥でもウナギは田んぼにみら
れるターウナジ（田ウナギ）、またはドゥルウナジ（泥ウナギ）、つまりい
わゆるウナギと、川にみられるハーウナジ（川ウナギ）、つまりオオウナ
ギを呼び分けていた。オオウナギは日中、穴や岩陰などに隠れていること
が多い。魚毒はそのように隠れているオオウナギに対して有効な漁獲方法

表7 奥における魚毒漁の区分（盛口 2016を改変）

名称	場所	使用者	魚毒植物	備考*
川のブレーザサ	川	集落全体	イジュ、デリス	
海のブレーザサ	海	同上	イジュ、デリス	
ヒク漁	海	グループ	イジュ	
イノー公売*	海	同上	イジュ、デリス	集落で公売にかける
ウナギ捕り	川	個人	サンゴジュ*、イジュ、デリス	サンゴジュは川でのみ使用
イヌジ*捕り	海	子ども	タバコ	クサビ釣りの餌
子どもの遊び	海	子ども*	ルリハコベ	低学年以下

であったといえる。

　奥では、子どもと大人の使う魚毒植物が分かれていた。特にワンクヮビーナと奥で呼ぶルリハコベを魚毒として使うのは、低学年以下の子どもに限られていた。ルリハコベは魚毒としての効き目は弱いが、小さな子供でも容易に扱えるので、泳ぐことができなかったり、釣り具を扱えなかったりする幼児にとっても、遊び感覚でできるものだった。一方、それよりも年長になると、泳ぎながらクサバー（クサビ）を釣るようになるため、その餌のタコを得るために、タバコを使用したが、奥ではタバコはこれ以外の場合では魚毒として使用されなかったようである。

　クサバー（クサビ）釣りについては、奥の郷土誌である『奥のあゆみ』の中に、「クサビ釣りも楽しい漁の一つであった。クサビ釣りは奥では男の子は小学校五、六年の頃から覚え、その釣り方まで十分に心得ていた。クサビのエサはイヌジが最適とされ、まずはそのエサを確保する必要がある。干潮でピシ（リーフ）が表面に現れはじめる頃ピシへ渡ってイヌジの出そうな場所でじーっと立ちんぼうで、現れるのを待つ。イヌジが穴から出て移動するところを間髪をいれずにす早く手づかみにして捕らえる。（中略）エサの確保ができ、釣り竿の準備が整ったらピシバナ（リーフ外）へ泳ぎ出て立ち泳ぎしながら、水中眼鏡で針につけたエサとクサビに視線を集中する。（中略）クサビは食べるときウロコを落す必要はない。スーウブサー（塩炊き）にしても良し、パダ（引用者注：かまどの上に設置された棚）に並べてのせ、ウチー火でいぶして、汁のダシにしても美味である」（奥のあゆみ刊行委員会編　1986）と紹介がなされている。

　また、奥で特徴的な魚毒漁の一つが、「イノー公売」と呼ばれるもので
ある。奥の集落周辺に位置する、イノー内の潮だまりでの魚毒漁の権利を
集落の集まりにおいて競売にかけ、売り上げを集落の諸経費にあてていた
のである。

　1965年のイノー公売の清算書によると、公売での購入価格には、イノー
（の潮だまり）によって、2ドル（「ハダバル」と呼ばれる潮だまり）から21
ドル（「ワナー」）までの差があった。公売にかけられたのは全部で21カ所で、
総売り上げ（183ドル90セント）の一部は公売時契約の酒代（8ドル20
セント）となっていて、のこりは集落全体の様々な会計（たとえば猪垣座
へ34ドル4セント）にくみいれられたとある（奥のあゆみ刊行委員会編
1986）。

　奥のイノー公売について研究を行った金城達也によれば、イノー公売は
1972年の沖縄の日本復帰頃まで行われていた。また、公売によって権利
を購入したクムイと呼ばれるイノーの潮だまりでの魚毒漁は、正月前やお
盆前などの、「普段より食べ物が必要になる」時期を選んで、半年に一度
ほどの間隔で行われた。これは、「そのくらいの期間を置かないと資源の
回復の見込みがないという意識があった」からだという。

　「ササイレ漁は昼間に行うこともあったが、イノーでは夜間の方が魚を
漁獲しやすかったため、大抵の場合は大潮の日の干潮時が夜間に当たる冬
期に行っていた。（中略）イノーでササイレ漁を行った際に漁獲したもの
は1ヶ所に集められ、参加した人数で割り平等に分配された」。なお、「奥
集落のイノー競売制度で落札されたイノーは基本的には落札者のものにな
る。しかし、1年に2回のササイレ漁以外の時は落札者以外の人でも平等
に利用することができた」ともある。そして、イノー公売は、当時の奥に
専業漁業者がいなかったために成り立った慣行であると金城は指摘して
いる（金城　2009）。

　こうした潮だまりでの魚毒漁の権利の競売は、奥の隣集落にあたる辺戸
でも行われていたことを金城は報告している。金城によれば、「1つのク
ムイの競売に対して費やされる時間は3〜5分で、その間に最高金額をつ
けている人がそのクムイを落札した。（中略）イノーの競売は1年に1回
毎年行われるもので、おそらくその年の初めの月か年の暮れに行われてい

た。（中略）競売にかけられたクムイは基本的には落札した人が排他的に利用できることになっており、その権利は1年間保持することができた。そのため他の区民は1年間はそのクムイから魚などを獲ることが禁じられていた。（中略）競売で落札したクムイでは主にササイレ漁が行われており、旧暦の1日や15日にあたる大潮の日の干潮時に行われていた。（中略）3月以降の暖かい時期に行うことが多く、ササイレ漁は1つのクムイで多くても1年に2回程度行うものであった」（金城　2009）とあり、クムイにおける漁撈の権利は、奥よりも、より厳格であったようだ。

　興味深い例として、1898（明治31）年、当時の奄美大島島司、笹森儀助が、奄美諸島における長寿者（90歳以上）の調査をしたおりの報告がある。調査の結果、奄美諸島の中でも与論島は特に長寿者の割合が多く（与論島では、全人口7004人に対して、長寿者が11人いた）、この結果に関して「長寿の理由として、農業と漁業を兼ねると気分転換になって身体が快であるとしているが、与論島では農業人がすべて自家用の漁をし、荒天の用にも干物にして保存していたから、栄養分の均衡がとれていたのではないかと推察される」（与論町誌編集委員会編　1988）というコメントが付されたのである。琉球列島の農民にとって、田んぼや川、イノーから得られるタンパク質が重要であったという一例であり、そうしたたんぱく源を得るための手段の一つに、魚毒漁があったわけである。

3 - 14　集団の魚毒漁

　石垣島・白保では、雨乞いと関連して、集団の魚毒漁が行われていた。白保の場合も、集団の魚毒漁とは別に、個人で行う魚毒漁があった。潮だまりで行われるもので、ユーベフフサ（キツネノヒマゴ）を使った漁である（野池　1990）。

　奥で行われていた集団魚毒漁の場合は、雨乞いとは関係していない。奥でブレーザサと呼ばれる集団魚毒漁は、川で行われる場合と、海で行われる場合があった。川で行われる場合は、集落を二つに分け、上流と下流に川を二分し、それぞれのグループで魚毒漁が行われた。戦後、川のブレーザサが行われたのは1951（昭和26）年及び1955年のことであり、いず

キツネノヒマゴ
八重山の島々でよく使用された
魚毒植物

れも 8 月に行われた（島田　2009）。この年がなぜ選ばれたのかについて
ははっきりわからない。また、毎年行われなかったという点については、
魚毒漁が一時的に使用した水域の生物に壊滅的なダメージを与えてしまう
からではないかと考えられる。

　海のブレーザサが行われたのは、年中行事であるアブシバレーの前日で
ある。アブシバレーは田植えのあとに畔の草刈りや虫払いをして、豊作を
祈願するもので、旧暦の 4 月中旬ごろに行われる（『沖縄大百科事典』）。
ブレーザサで得られた魚は、その折の宴会用に使用された。海でのブレー
ザサにおいては、特有の道具も使用された。縄の途中にヤシ科クロツグ（マ
ニと呼ばれる）の細長い葉片をさしこんだものである。潮の引く前にイ
ノーの魚毒漁を行う場所の周囲に、このマニの葉をさした縄をぐるりとま
わしておく。マニの葉は波にゆられて翻るが、マニの葉は裏面が白く、目

魚毒漁に使用する「おどし」

クロツグの葉を切り落とし
ロープにさしこむ。海で魚
毒を使うとき、このロープ
で囲って、魚がロープの外
に逃げないようにする

立つ。これがおどしの役目を果たし、潮が引くまで、魚がその場から逃げ
るのを防ぐのである（盛口 2016）。

　奥におけるブレーザサは、魚毒漁によって得られる大量の獲物を用いた
祝祭的な催しであったと考えられる。ほかにも、雨乞いとはかかわらず、
このような集落の祝祭的な集団魚毒漁は、徳之島（A 21、A 30）や沖永
良部島（A 34）、沖縄島・国頭村安田（A 50）でも聞き取れた。徳之島・
花徳では、毎年 8 月 15 日に潮だまりで集落全体の魚毒漁が行われたとい
う。また安田では集団魚毒漁が行われたのは川だったという。こうした集
団の魚毒漁が行われるかどうかは、集落近隣に、集落全体での魚毒漁を行
うのに適した大きさの潮だまりや川があるかどうかという、自然条件が決
め手となっているだろう。また、川である場合、あまりに大きな川である
場合は魚毒漁に適さなかったり、また旱魃により川の水量が減少したとき

にしか魚毒漁が行えなかったりする（白保の場合は、後者にあたるだろう）。また、魚毒漁は資源に与えるダメージが大きいため、資源の回復にはインターバルが必要とされる。

3 – 15　琉球列島における雨乞いと関連する魚毒漁

琉球列島においては、しばしば旱魃は深刻な問題となった。

低島である与論島は水資源に乏しく、飲用水や農業用水をほとんど天水に頼らざるを得ず、そのため「雨乞いはアマグイ、アミタボーリとよばれ、日照りが続くと行われた。（中略）雨はユガフ（豊年）をもたらすとされ、雨が降るとユガフタバーチ（豊年を下さった）といって祝いまでしたものだという。また雨のことをユガフともいい、雨が降ると『ユガフ　トッタバリ』といって、先祖にお礼をするという」（加藤　1999）と文献にはある。雨のことを「豊年」と言い表すことは、端的にこの島における雨の重要性を指し示している。

低島に比べて水資源に恵まれているはずの高島でも時に雨乞いを必要とするほど、日照りに悩まされた（白保も高島の石垣島にある）。西表島・干立の集落の祭礼にたずさわるツカサと呼ばれる神女を務める話者（1922年生まれ）から、次のような雨乞いについての話を聞き取ったことがある。

「雨乞いの歌を教えてくれと言う人がいて。歌詞はわかるけど、節回しがわからん。歌詞は書いて残っているのもあるが。もう、40年近くやっていないから。カザラ山の一番てっぺんの大きなマツの根元にいくと、軍艦岩のわきに大きな石が見えるよ。それが雨乞い岩。そこに拝む。ツカサたちは山の上にいて、部落のみんなは石のところに行って。そのとき、男の人に目を残してみんなかぶせて雨の主と言って。これはどういう人が選ばれるのかはわからん。カズラはセンヅルカズラ（カニクサまたはイリオモテシャミセンヅル。ここではセンヅルカズラという名称で呼ばれているが、普通はシチカッツァと呼ばれる）。手も足もみんな偽装してあるわけさ。石のところで、水をかけて拝んで、そこから船に乗せて連れてくる。船着き場で降ろして歩かせながら、たらいに水一杯入れて、雨を降らしてくださいと雨の主に水かけて、拝んで歌を歌って。これをおばあもやったさ。雨

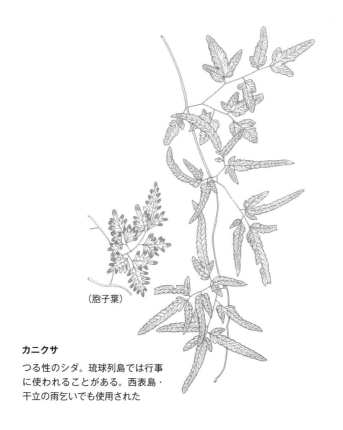

カニクサ
つる性のシダ。琉球列島では行事
に使われることがある。西表島・
干立の雨乞いでも使用された

（胞子葉）

乞いしながらやったさ。そうしたら、家の中に入って偽装をはずして。そ
のカズラをどう始末したかはわからんが。このときは、雨乞い終わって三
日後に大雨降ったよ。雨乞いをやったのは、これっきり。これは長男がお
なかにいるときだった。おなかが大きかったけど、ぜひとも行かんといか
んと。これ、昭和27年のこと。この雨乞いの歌、節回しがぜんぜん思い
出せない。雨はざらざらして降らしてくださいという最後の音符だけはわ
かっているけど。一回しかやったことがないし。やったのは、私が24歳
の頃。85歳のおばあさんが、教えてくれて。昔の人は頭がいいというか
頑固というか。珍しいよ。私の時代までは、書いて覚えさせなかった。書
かさない。口写しで、言うのを聞いて覚えれって。聞いて、聞いて、やっ
と覚えたけど、やっぱり抜ける。今ならテープで口写しと同じようにでき
るけど」

　上記のこの話を、以下のように補足説明している文献がある。

　「"雨乞い石"とは昔から干立村の人々が雨乞いの祈願をする時の神の宿る石として大切にされて来たものである。干立雨乞い祈願の唄を紹介する。

一、雨ぬ主たぼらりよ　ハリ世加那志

二、稲葉川つきだしようり　ハリ世加那志

三、稲葉川赤ましようり　ハリ世加那志

　雨乞い祈願はこの唄を歌い雨乞い石にシチカッツァ（イリオモテシャミセンヅル）を巻きつけ、勢いよく川の水をかけ浴びせるのである。その時に雨の主（神が宿った者）を全身シチカッツァで巻きつけ干立御嶽まで迎え雨乞いの祈願をするという大切な神の魂の宿る石なのである。そしてこの雨乞い石を踏みつけにすると神が怒り出し大洪水を引き起こすと伝えられ戒められている」とある（沖縄教育庁文化課編　1990）。

　雨乞いの一つに、「神を怒らせるもの」という図式があり、白保では、まさに神を怒らせることで雨を降らせるという方法を採っていたのだが、西表・干立では、神を怒らせると大洪水が引き起こされてしまうと考えられていたため、神を怒らせないように、かつ、雨を降らせてほしいという願いを神に伝える必要があったということになる。神（自然）への働きかけは加減が必要であるわけだ。

　西表島・干立の場合、雨乞いと魚毒漁は結びついていなかった。しかし、文献調査、聞き取り調査を行うと、白保以外でも雨乞いと結びついた魚毒漁が行われていた集落があることがわかった。

　聞き取り調査においては、名護市・底仁屋において、雨乞いと関連した魚毒漁が行われたことが聞き取れている（A 54）。底仁屋では雨乞いと関連した魚毒漁に、ササワインという独自の名称を与えているが、白保と異なり、雨乞いと関連した魚毒漁も集落全体では行われず、数軒単位の家族で行われたという話であった。これは、白保と異なり、集落附近に集落全体での魚毒漁を行える規模の川が存在していないことが要因ではないかと考えられる。底仁屋の場合、白保のように、魚毒漁を行うことで神を怒らせ、雨を降らせるという、魚毒漁を行う理由を説明している「論理」のような話も聞くことができていない。魚毒漁は、①毒の効果との関係から、水量が一定程度に抑えられた条件が必要とされ、②その結果、旱魃期に魚毒漁

が行われやすくなり、③結果として雨乞いと結びつき、さらにはその構図から、④ある種の「論理」（例：魚毒漁によって川が穢され、神が怒って雨を降らせる）が生み出されるという流れがあるように考えられる。底仁屋の場合は、この流れの③の段階でとどまっているということではないだろうか。

　国頭村・田嘉里で行われていた雨乞いと関わる魚毒漁の報告も知られている。

　田嘉里では、雨乞いと関連して「ナガレザサ」（ナガレササ）と呼ばれる魚毒漁を行った。戦前までは盛んに行われていたが、戦後は１～２回しか行われていない。

　「田嘉里集落のナガレササは２～３か月も雨が降らずに長い間日照りが続いた場合、目安としては旱魃が続き農作物が枯れそうになったら行っていたという。（中略）ナガレササは田嘉里集落の住民は総出で行われる。雨が降らない（または降水量が少ない）年にだけ集落総出でササを流すのである。ナガレササの主な目的は雨乞いであった」

　ナガレササにおいては、イジュの樹皮などを叩いて砕き、川の上流から流した。また、川を何区画かに分け、それぞれの地点でササを流した。ナガレササによって採取したものはみなで集まってその場で大きな鍋で煮て食べるものと、個人で持ち帰るものがあった。

　「集落民も普段はササイレを行っていなかった。普段から川でササイレをして資源を効率的に採取することは避けていたのである。田嘉里集落でのササイレは集落民全員が参加して行われるナガレササのときにしか行わない」（金城　2009）

　田嘉里の場合、底仁屋とは異なり、魚毒漁は集落全体の参加で行われた。これはやはり、魚毒漁の行われる川の規模によっているだろう。一方、この報告においても、なぜ旱魃時に魚毒漁が行われるかという、「論理」については触れられていない。このように見ていくと、魚毒漁は雨乞いと関わりが深いものであることは確かであるが、白保のように、魚毒漁をなぜ行うのかという「論理」まで備え、集落全体で行う例は、琉球列島においては特異な例であるということができる。

3 - 16　ユリムンと魚毒漁

　魚毒漁は、人間の自然への働きかけである。魚毒はその効果や影響が強い分、独自の禁制（決められた時期にしか行えない、集落全体で行う魚毒漁以外の禁止）や魚毒漁を行う際のインターバルの設置、使用する魚毒植物の選択などが行われた。

　一方、人間にとっては、本来、コントロールしえない自然の存在もあった。たとえば降雨や旱魃がそうした現象の一つであった。ただし、人々は、そのような人為によってはコントロールしえないと思える自然現象についても、なんとか影響を及ぼそうと努力を行った。その行為が雨乞いであり、雨乞いと結びつく魚毒漁である。

　ここで、琉球列島の島々に暮らす人々の自然観についてみてみたい。

　西表島の人々が、集落周辺の自然をどのように認知していたかについて、安渓は次のように説明している（安渓　2007）。まず、集落は「しマ」と呼ばれる（表記は安渓による）。

　　「しマ」は海に面しているが、背後をとりまく部分は「しマヌマール」と呼ばれる。田や畑（「パテ」）もここにある。（中略）「しマヌマール」から奥に位置するのは「ヤマナ」と総称される山地である。このうち海岸から見えるような山麓は、「アーラ」と呼ばれ、ずっと山奥は「しクヤン」と呼ばれている。また、「しマ」の背後の山地には、「シー」と呼ばれる猪垣もある。猪垣の内側が「シーヌウチ」であり、猪垣の外側が「シーヌフカ」である。（中略）
　　海中にリーフが発達しているところを「ピー」と呼び、その内側の砂地の浅瀬は「イノー」という。また、「ピー」の外側に広がっている外洋は、「フカ」と呼ばれる。

　集落は海に面しており、その背後、シーヌウチが最も身近な「里山」であるわけだ。また、海に面しているため、集落前のピーと、内側のイノーは日常的に利用される環境、いわば「里海」にあたる領域で、その外側に

位置するフカとは区別されている。

　集落を中心に、「身近な自然」と「遠い自然」が、海と山、それぞれで区分けされているわけだが、海と山の関係は、同一というわけではない。西表島・干立の種取り祭の際にうたわれるユングトゥと呼ばれる神歌の歌詞がそれを端的に表している。これは「井戸のまわりのカエルの歌」という意味の題の歌なのだが、以下のような歌詞である。

１．カナヌパタタヌアブタマ　パニバムイ　トブケー
　　＊バガケーラヌイヌチ　シマトゥトゥミアラショーリ（以下＊は繰り返し）
　　（井戸のまわりのカエルに羽が生えて飛んでいくまで、私たちの集落が栄えますように）
２．ヤーヌマールヌ　キザメマ　ウーブトゥウリ　ヤクナルケ
　　（家の周りのカタツムリが海に入ってヤコウガイになるまで）
３．ヤドゥヌサンヌ　フダジメマ　ウーブトゥウリ　ザンナルケ
　　（家の桟のヤモリが海に入ってジュゴンになるまで）
４．グシクヌミーヌ　バイルウェマ　ウーブトゥウリ　サバナルケ
　　（石垣のイシガキトカゲが海に入ってサメになるまで）
　　以下、５番略（盛口　2019）

　「カエルに羽が生えるまで」というのは、あり得ないことの例えとして使われている。つまり、永遠に集落が栄えてくださいという祈り歌である。この永遠の例えとして、２番以降は、里山の生き物と里海の生き物が対比される形になっている。すなわち、ピーやリーフは集落前の「身近」な海ではあるものの、渚を境界線（折り目）として、陸と海は別世界であるという認識があることが、この歌には表されている。こうした認識が基底にあることから、外海「フカ」は、単に距離的に集落から離れているだけでなく、人々の世界とは別世界に位置づけられるものであり、そのフカの「むこう」に、ニライカナイと呼ばれる神の世界があるという信仰を沖縄の人々は育んだ。

　ジュゴンは「井戸のまわりのカエルの歌」の歌詞に登場するように、か

つての西表島の人々には、イノー内で目にする、なじみの動物であった。ジュゴンがイノーに入り込むのは、イノーに生えている海草を食べるためであり、潮が引くころには、クチと呼ばれるピーの切れ目を通って、ジュゴンはフカへと泳ぎ去った。こうした習性をもっていることから、ジュゴンは、ピーとフカという、「身近な自然」と「遠い自然」を行き来する特別な存在であるという信仰もまた、人々は持つようになった。

「沖縄島の大宜味村の神事に出てくる古謡（神歌）の中にもジュゴンが登場する。その内容は、遊びを終えたニライカナイの神が、ジュゴンとともに海に帰るというものである。沖縄の人々にとってジュゴンは海の神であり、ニライカナイの神の分身であった」（池田　2012）

カナダの狩猟採集民であるカスカの人々がヘラジカを狩猟した後に行う行為と、その意味について、山口は次のように書いている（山口2012）。

「ヘラジカを捕獲することに成功した場合、その解体の作業のなかでも足の骨をブッシュに置いておくことや気管と肺を木の枝に吊り下げること、調理の前には目玉をくりぬくことなど、ア・イ（引用者注：タブーのこと）の規範に沿った活動が行われた。こうした儀礼的な行為の背景にはヘラジカと言う存在への配慮が透けて見える。目をくりぬくのは『そうしないとヘラジカが目玉を通してこちらを見ることができる』ので調理の際自分が焼かれるところが見えてしまうからだという」

狩猟採集民が獲物の動物を扱う際に、「配慮」を伴うことが書かれているが、こうした「配慮」は、獲物を単なる肉の塊とは見ていないから伴われるものであるだろう。かつての沖縄においても、ジュゴンを捕獲する際には、配慮というより、遠慮、「ためらい」のような感情が伴われていた場合があったのではないかと考える。それは何より、ジュゴンが「ユリムン（寄り物）」の一つとしてとらえられていたこととも関係がありそうだ。

寄り物というと、渚に打ち上げられた漂着物をまず思い浮かべてしまう。確かに「沖縄における寄物」と題した文章の中で、島袋源七もヤシの実などの漂着物を紹介しているが、島袋が何よりまず寄り物の代表として名をあげているのはスク（アイゴの稚魚。初夏に沖合からリーフに群れを成して寄せてくる）である。また、ほかにもスルル（キビナゴ）といった魚類

に加え、フィートウ（ゴンドウクジラなど）、ザン（ジュゴン）といったものの名をあげている（島袋　1951）。これらの生き物は海岸に打ちあがった状態であるわけではなく、リーフ内や岸近くに寄ってきた状態を、「ユリムン」としてとらえているわけである。ジュゴンについて書かれた書籍の中にも、「ジュゴンはニライカナイからの神の恵みであり、ユリムン（寄り物、魚介類）であった」（池田　2012）という表記を見ることができる。

　『名護市史　本編9　民俗I　民俗誌』には、「沖縄ではピトゥ（引用者注：名護でのゴンドウクジラ類の呼び名）のように海の彼方から海岸付近まで来遊してくる海棲生物を一般にユリムン（寄り物）という」とある。沖縄の寄り物については、古くは1711年編纂の『混効験集』に「寄り物の御初　へと　江豚のこと　しゅこ　知念玉城よりのぼりたるとなり」と記されている。記載にある"へと"はピトゥ、"しゅこ"はスク（アイゴの稚魚）であり、ピトゥ（ゴンドウクジラ）やスクが当時から代表的な寄り物の一つとされていたことがわかる。寄り物の来遊行動は一種の自然現象であるが、海の彼方から人間の世界に向かって寄ってくるその不思議な生態は、一方で、島々においてさまざまな伝承や祭祀儀礼を生み出した。

　ユリムンの中でも、古くからその代表の一つとされたものに、スクがある。人々は寄ってきたスクを捕獲し、塩辛にして保存し、日常食に利用した。例えば沖永良部島の場合、「寄物のうちでこのスクの子の寄着くほど、島の食糧を豊かにし、従って人々の関心を引くものはないであろう」（柏1954）とあるように、スクは極めて重要な食糧源であった。徳之島・徳和瀬の民俗について紹介している本の中で、著者の松山は「シュクこそは珊瑚礁の干瀬の海の主役である」とまで書いている。そして「この寄ってくるという言葉の裏には遥か沖の彼方の浄土ニライカナイの神からの季節の贈りものという想念がまとわりついているからただごとではない。当然のこととして宗教色を帯びてくる。私は琉球文化圏に根を下ろしているニライカナイ信仰を定着させた根っこには、この聖魚シュクの寄りが深くからんでいたと考えている」と指摘している。つまり、ニライカナイ信仰があるため、沖合から寄せるスクなどのユリムンに特別な思いを寄せたのではなく、毎年、なぜか沖合から寄せ来るスクの存在があって、沖には人々に恵をもたらす神の住むニライカナイがあるという信仰が生まれ育ったの

だということである。この考えが正しいかどうか、にわかには判定はできないが、重要な指摘であると考える。なお徳和瀬で生まれた松山は、幼いころ、漁の好きだった祖父から「シュクの寄りが近づくと必ず海が荒れ、雷が鳴り響く。それはニライの神様がシュクをこのシマに送り届けるために起こしているのだ。だから、その天候の荒れを"シュク荒れ"と呼ぶんだよ」と聞いたと書いている（松山 2009）。スクの存在が、沖縄ではユリムンを特別なものとして扱う基盤となった。ひいては、ユリムンは神の恵みであるという思いも強化された。

　このスクを漁獲する際、奥では魚毒が使われた（A 44 〜 47）。

　「稲の苅り入れ頃はヒク（スク）の寄る時期でもあった。満潮時にヒクの群れが沖合からイノーに入るのを見張ることをヒクマーイと言った。ヒクマーイの人がヒクの群れがイノーに入ったのを確認すると部落に通報し、数名でグループを作ってヒク漁の段取りをする。あらかじめ準備しておいた、アダンの新芽を二、三尺間隔に付けた縄をヒクの群れを包囲するように張りめぐらした。そして干潮時を待ってイノーに少量のササを入れ、回遊する群れをヒク網ですくいとるのである。（中略）ヒクは塩漬けにしてトゥシクイに入れて保存し、一年中チャワキやハチムンとして重宝された。イモとヒクガラスは食っ合わせが良く、美味しいと言われた」（奥のあゆみ刊行委員会編　1981）

　スクを漁獲する際に、魚毒を利用するのはほかに徳之島でも聞き取っている（A 21）。また、沖永良部島ではスク漁に、タデを魚毒植物として使用したという（長沢2006a）。ただし、スク漁において魚毒を使用することは必須なわけではなく、これはスク漁を行う場所の条件（広い開放水面で漁獲する場合は網で一網打尽にできるが、珊瑚礁の岩場ではスクを弱らせないと網で掬いにくいなど）によるものではないかと考えられる。

3 - 17　異世界への交信手段としての魚毒漁

　ジュゴンはスクのように定期的に訪れるユリムンではなかったが、浜比嘉島の神歌のように「ザンの魚も、スクの魚も引き寄せて、抱き寄せて」と、スクとジュゴンを対にして歌う例も知られているように、ジュゴンもまた、

ユリムンの代表の一つとしてとらえられていた（仲松　1993）。

　ジュゴンやスクのようなユリムンは異世界と人間界をつなぐメッセンジャーのようなものである。「スクの量はその年のユイムン（寄りもの）の量の占いになる」、すなわち、その年に得られる「海の幸」の量を占うものとして石垣・登野城では考えられていたというように、何かしらの神意を含むものとしてとらえられていた（野本　1995）。

　異世界の存在を認識するということは、異世界から発せられるメッセージが、どのような内容であるのかに絶えず気を払うということを意味する。例えば沖縄では各地で、家の中に鳥が飛び込んできた場合、これを忌み、その折に行う作法のようなものが定められていたりする。

　八重山の自然・文化を書き残した岩崎卓爾の記録では、フクロウは「冥途のお使いである。東より翔って、屋内に入れば、挙家慎む」とある（岩崎　1974）。1908年、石垣島登野城に生まれた話者からは「自分が小学校1年のときに、仏壇にフクロウがいてよ。家族みんなハマウリ（海岸に降りること）して、一晩泊まってよ」という話を聞いた。同じ八重山の小浜島では「鳥類でもとくにミミズクは仏の使い、リュウキュウミヤマショービンは神の使いと考えられた。普通の鳥の場合でもそうであるが、このような鳥が家に入り飛び回ったりして鴨居にぶらさがったり、仏壇に飛びついたりしたら、いよいよの凶報とし、にわかづくりの食べ物を携行して家族全員が浜下りし、そこで全員寝る真似事をする。やや時を過ごしてから"コケコッコー"と鶏の鳴きまねをする。そこで夜が明けたとして食事をし、これですっかり厄が晴れたとして家に帰るのである」という例が報告されている（仲松　1993）。名護市数久田では、クラミグヤーと呼ばれる鳥が家に入るとよくないと言っていたというのを1950年生まれの話者から聞いた。

　このような異世界からのメッセージを受信するということは、交信ができないはずの異世界にメッセージを伝えうる場合があるという発想も生み出す。

　南島で害虫防除のために行われていた虫送りと呼ばれる儀礼も、異世界への送信の試みの例であると考えられる。例えば奄美大島では「ハマオレ（浜下れ）」の日は「ムシカラシヌアスィビ（虫枯らしの遊び）といい、害

虫駆除の日」であった。「この日、稲につくカムイムシ（カメ虫）という
ものすごく臭く、直径5ミリほどの黒い虫を、朝家族総出で捕り、瓶につめ、
栓をして川や海に流す。またこの日は日中に家から煙をたててはいけない。
それで食事等は早々と準備をし終え、一日煮炊きをしない。なぜこの日に
煙を家から出さないかと言うと、人間もなにも食べないで過ごしているの
だということを、虫に知らせるためだという」（田畑　1942）。虫やその
ほかの害虫と呼ばれる生き物たちは、普段は交信不可能な相手であるわけ
だが、害虫駆除の日にはなんとか人間の考えを伝える工夫を行っているわ
けである。

　奥においては、4月にアブシバレーと言う行事が行われていた。海のブ
レーザサによって得た獲物で宴会を行った行事である。この行事は虫払い
の意味が込められていた。この行事の中で、以下に引くように、虫への交
信を試み、一人の男性が虫になぞらえる形で穴ごもりをさせられる慣習が
あった。

　「奥ではもともと、あらかじめ日が決まっていない。（中略）アブシバレー
は、農作物の豊作を祈願する行事であり、同時に農作物の害虫を追い払
う意味もある。（中略）この日は、朝早くからご飯をウーンパー（芭蕉の
葉）に包んだものや、ごちそうをもって、家畜の牛や馬も部落中の人々と
いっしょに浜に下りた。浜では円陣を組んで座り、男たちは角力を取り、
女たちは踊りをおどった。また、この日は『アシビニゲーウ』と称する人
を一人えらび、酒を飲ませて一日中穴ごもりさせた。この人は人目につか
ないよう、日が暮れるまで穴ごもりしなければならない。この人に誰一人
見られなければ、虫退治ができたとされていた」（奥のあゆみ刊行委員会
1981）

　より、異世界への送信の「工夫」を凝らしている例が、竹富島で見られ
る。竹富島では、農作物へのカタツムリの害が激しいときに、「カタツム
リのムヌン（物忌み）」を行ったという。浜へ女性がでかけ、オン（御嶽）
に祈った後、浜の上の野原に集まり、全員でハマオモトの根を掘り、その
白い薄皮を剥ぐ。「そしておのおの、その白い薄皮を口に当てて張り、ち
ょうどガムかビニールで口をふさいだような状態で全員が一定時間野原に
横になって寝る。崎山さんはこの不思議な行為を"カタツムリの口をしめ

る呪いだ"と語る」（野本　1987）。カタツムリは乾燥すると、殻口にエ
ピフラムという膜を張り、殻内に閉じこもってしのぐが、この様をまねて
いるのだ。人がカタツムリの様をまねることで、人とカタツムリの間の回
路がつながるという考えである（野本はこれを類感呪術と評している）。

　このような異世界へのメッセージの送信例として、白保の魚毒漁をとら
えなおすことができる。

　人類学者の山口は、カナダの狩猟採集民のカスカの人々が、普段は殺す
ことを忌むクモを、あえて殺し水溜まりに放り込むことで雨を降らせる例
を紹介しており、こうしたことが見られることから、カスカの人々にとっ
て、クモは「殺すことを禁じられている生き物」ではなく、「自然を操作
する作用を持つから、注意深く接する必要がある生き物」としてとらえら
れているという説明を行っている（山口　2012）。白保の魚毒漁も、本来
操作ができぬはずの自然現象に、なんとか人々が働きかけを行う操作とし
てあったものだろう。そうした点からいえば、魚毒漁は、資源を破壊する、
時には神を怒らせてしまうような危険な技術であると同時に、大量の資源
を得ることができ、神を怒らせることで人々の願いを届けることもできる
技術であるという、両義的なとらえ方がされていたのではないだろうか。

　柳田國男の「魚王行乞譚」は、魚毒をいさめる伝承であるが、前章末で
紹介した秋道の提示のとおり、これは魚毒を行ってはいけないということ
を伝えるための伝承というより、魚毒は注意深く行わなければならないと
いう訓示を込めた伝承ととらえなおすことはできまいか。

3 - 18　魚毒をめぐる島同士の交流

　与論島での聞き取り調査の折、1926 年生まれの話者から、次のような
話を聞いた。

　「山原の奥とは、戦後まで材木とブタを交換しました。戦後までありま
した。子ウシとかブタの子とかをクリ舟で山原まで運んで。与論は奥さま
までしたよ。与論は山がなくて材木は宝ですから。木切れももったいない。
なかなか薪には使わない。昔はマーラン船というのがあって、これで運んで
きたり、クリ舟で行き来する人もいたし。8 月の山原への旅は、"葉っぱを

食べる旅"と言っていました。夏は天気が急変するので、山原まで行ったらなかなか戻れないこともあったんです。そうすると奥も豊かではないから、食べるものなくなってしまいます。それで"ナーパルタビ（葉っぱを食べる旅）"と言っていました。

　昔はほとんど物々交換です。山原にもソテツはあるけれど、むこうにはハブがいるから。ソテツの実は重要で、山原に持って行ったり、あっちからも買いに来たり。こっちにはソテツ山があって、花粉を交配させて、実ったらカマス袋にソテツを入れて積んでおくと、沖縄から買いに来るから。戦後はアメリカの軍服と換えたり。緑色の。あとアメリカのテント地。これは重宝でした。母が手にして喜んだこと、まだ目に浮かぶ。テントは雨合羽の代わりに切って縫って糸を通してね。そんなふうにして生き延びた。山原からはソテツや生のサツマイモを買いに来ました。

　私は一度だけ山原に行きました。那覇に行く人の船に乗せてもらって。一番天気のいい日だけど、あんなにひどいと思わなかった。沖に出たらゆれがこんなにあって、髪も乱れて。だから髪をにぎりしめて。乱れた髪を見せてはいけないと。一時間ぐらいの旅でしたが。着いたら男たちは那覇へ。私は一人浜に下ろされて。ちょっと上ったら公民館あって、女の年寄り集まって歌ったり踊ったり。これからの時代、若い人は街に出て働いて、年寄りはこうして遊ぶんだよーと。その光景まだ脳裏に見えて。それからずっと歩いて喜如嘉まで行きました。どのくらいかかったかわからないけど。ずっと歩きどおし。そのころはよく歩きましたよ。

　昔、山原からクリ舟で来た人は一日で行き来していました。順風のうちに帰れるようにと走り回って。だから山原犬と悪口言う人もいて。ソテツないかと声をかけてきて、ないというと走っていってしまう。座りもしないさ。子ウシを乗せていくこともあったよ」

　与論島は鹿児島県に所属し、沖縄島にある奥は沖縄県に所属しているが、古くから島と島の間に交流があり、お互いに不足している資源を補い合ってきたという話である。

　この話にもあるように、低島の与論島にはまとまった森林がなく、建材を島外から得る必要があった。『与論島民俗文化誌資料』（町田　1980）にも、「本島は建築材がなく、大正末期ごろまでは殆ど沖縄材を使っていた」

という記述がみられる。その与論島では沖縄島から魚毒漁用のイジュの皮を移入して漁を行ったという報告がある（長沢　2006a）。

　海を越えた魚毒植物の移動は、他に例があるだろうか。

　沖縄島に隣接する伊是名島の場合、山林資源に乏しく、建材は与論島同様に沖縄島に依存していたという。その伊是名島では、やはり森林資源に乏しいため、建材として沖縄島からモッコクを求めたという。モッコクやイジュは建材として重宝されたが、これはシロアリの被害を受けにくいためである。シロアリに強い材は忌避物質を含んでいるものと、忌避物質はないがシロアリが食べると死亡する殺蟻物質を含んでいる場合がある。後者は極めて珍しく、その例に、センノキ、モッコク、イジュ等がある。センノキの殺蟻成分はサポニンであるが、モッコクもサポニンが成分本体である（佐伯　1966）。結果、建材として持ち込まれた材の不要部が、魚毒

モッコク
八重山の島々などで樹皮を魚毒に使う。白アリが付かないので、かつては材も需要が高かった

として利用可能になるわけである。以下に引くように、シッサー漁法と呼ばれた魚毒漁に、建材として移入したモッコクの樹皮を利用したことが報告されている。

「3月にもなると野や畑にルリハコベ（ミンナグサ）が小さな紫色の花をつけて満開する。丁度その頃、旧暦二月、三月は昼の潮が一年中で最も干く時期でもあり、大潮の日は朝から婦女子や子どもたちが、ミンナグサを採って来て、家族総動員で臼に入れて粉ごなになるまで搗き、その日の漁の準備をする。(中略)ムゥーフィデル、1、2杯に用意した緑色の『シッサー』を母たちが小さな笊に入れてフムイ一面にゆさぶり落とすと、途端に小さな魚はピョンピョンとフムイの縁の岸に跳ねあがる。（中略）このような漁法に使う草にチントイグサ（ハマボッス）がある。（中略）このほかにこの漁法に使われたものに、イクの木（モッコク）の皮も使った。家屋建築用のタル木は昔は山原材がよく用いられていて、そのタル木にイクの木が混ざっていると、このイクの木の皮を鎌で剥ぎとり、天日に干して乾燥させておき、主に冬の夜の大潮のときにこれを使って漁をした」（伊是名村誌編集委員会編　1989）。

また、沖永良部島でも、島外から持ち込まれた魚毒漁が使用されていた場合があったことが、以下に引く文献からわかる。

「毒流しはルリハコベを使うので、草入れといい、この草を水草という。この草のない季節には沖縄のヤンバル地方よりイジュと称する木の皮を移入して用いた。いずれも搗き下し砂を混入して適当の箇所に投入し、魚類が酔って浮上するのを待って、或いは突刺し、或いは掬い取る」「年に一度部落で共同でイノという広い水域で試みることもあったが多くは各家庭単独で行った」（柏　1949）

奄美大島に隣接している低島である喜界島でも、かつて行われていた魚毒漁に関して「サンシュー（山椒）の葉や大島産のイヂューといふ木の鉋屑も同じやうに用ひられる事があった。やはりサイリーといふ。サンシューは山の泉の附近の水流に入れて鰻を取る事もあったが、いづれも今は禁じられてゐる」（岩倉　1973）とあり、奄美大島産のイジュが魚毒として利用されていたことがわかる。

このように見ていくと、思っていた以上に、島外から魚毒を持ち込んで

ハマボッス
伊良部島などで魚毒とし
た海岸植物。毒は弱いと
いう

　使用していた例があることがわかる。これは琉球列島において、それだけ
魚毒漁が日常的に行われていたことと、島と島の交流が日常的に行われて
いたことの双方を意味するものである。
　こうした琉球列島の島同士における資源の交流については、すでに安渓
によって八重山の黒島と西表島の交流の例などが報告されている（安渓
1988）。この報告によれば、1930 年頃まで、田を作らない黒島から肥料用
の灰が西表島にもたらされ、稲束と物々交換が行われていたという。一方、
『近世八重山の民衆生活史』の中で、著者の得能は、島々のネットワークに
関して、島—海—（別の）島という範囲で「村」があったのではという指
摘をなしている。すなわち、自島で不足する資源を他島との交流から得る
だけでなく、他島の一部を自島の「村（領域）」に組み入れたうえでの資
源利用が行われていたのではないかということだ。黒島の多良間真牛が、
黒島から西表島にわたる途中に舟が遭難し、無人島での生活を余儀なくさ

れたのち、サメの背に乗って黒島に戻ることができたという有名な伝承があるが、この伝承も黒島が西表島の一地域に、日常的に行き来した土地（すなわち、海を越えた"黒島村"の一部と考えうるところ）があったから、生まれ得たものであろうというのが、得能の主張である（真牛が西表に渡った理由としては、田植えという説と、材木取りという説があるとも書かれている）。そのようにしてみると、私たちが従来頭に描いていた「里山」のイメージを超えて、琉球列島における里山の場合、海や、海を越えた隣島も含めて、つまりは島と島をつなぐネットワークを含めて考え直してみる必要があるのかもしれない。

　魚毒植物を見ていく中で、このような琉球列島の里における人々の自然利用の、さまざまな側面が見えてくる。

3 - 19　魚毒漁の崩壊

　現在、魚毒漁は全面的に禁止されている。しかし、法律による禁止の前に、すでに島々における魚毒漁を支えていた環境に、ある種の崩壊現象が起きていたのではないかと考えられる。

　例えば奥の区長を務めたことのある島田隆久は、2009年に奥で開催された「リュウキュウアユシンポジューム　in 奥川」の発表資料の中に「奥川支流に個人が勝手に毒物（特に青酸カリ、デリス〈シイノキカズラ〉、テッポウダマギー〈サンゴジュ〉、イジュ樹皮）類を投入しウナギ取りを行った事で、奥川本流の魚類資源が急減するようになったと先輩諸氏は語っている」（島田　2009）と書いている。

　この島田の書いた状況がどのようにして生まれたのか、奥の里の変遷についてみてみることにしたい。

　奥の郷土誌である『奥のあゆみ』には、農業及び林業を中心産業としていた奥の概況について、「奥川流域の約80ヘクタールの沖積地帯には水田が開け、部落周囲の山のふもとに段々畑がかさなり、畑には奥独特の方法による甘藷の栽培がなされていた。また、1929年（昭和4）頃から本格的な茶の栽培がはじめられ1933年（昭和8）には県の茶業奨励規定にもとづいて補助金交付をうけ次第に発展し、組合員の増加とともに規模も

拡大され、重要な換金作物として栽培された」と紹介がなされている。

　同文献によれば、1903（明治36）年の奥の耕作地は、水田25町歩、畑7町歩であり、それが終戦時の1945（昭和20）年には、水田27町歩、畑15町歩という値であった。つまり、奥川の河口周辺の氾濫源を基盤としている田んぼには、あらたに開拓する余地がなく、一方、奥集落を囲む丘陵、山地の斜面を開拓し、段々畑を増やすことはできたということである。

　しかし、こうした耕作地の開拓には問題があった。耕作地の背後には森林が広がっていたため、その森林部から耕作地へイノシシが入り込むことが増加したのである。そうしたことから、奥では1903（明治36）年、集落と、その周囲の耕作地を森林から隔てるために、石垣を組んで猪垣を構築することが実行された。全長9キロに及ぶ、大垣（ウーガチ）と呼ばれるものである。

　この猪垣は、構築したらそれで終了というわけにはいかなかった。台風や大雨などによる垣根の破損がおこる為、恒常的な補修が必要とされたのである。そのため、奥では、猪垣を区分けし、それぞれ維持管理の責任者（ハチヌシ）が決められていた。

　「猪垣の維持管理は奥区民の最も重要な義務の一つ」と『奥のあゆみ』の記述にはある。「垣当りの制」（監視役の制定。もし破損個所が見つかった場合は垣主は3日以内に修復する義務があった）や、「総廻りの制」（事前に垣掃除の通達があり、もし掃除や修復がなされていない場合は垣主が罰せられた）が定められ、そのため「各自の持ち垣の維持管理には万全を期し、たえず気をくばっていた」とも書かれている。

　ところが、奥ではやがて、耕作地のうち、田んぼが放棄されることになる。その経緯について、1948年生まれの話者は以下のように語った。

　「最初に田んぼが埋まってしまったのは、1960年代に、軍道1号線（現国道58号線）を作ったとき、山を崩した土砂を、路肩に盛り土をしていたのが、雨で流された。このとき、一番、いい田んぼが埋められてしまった。次が1969年の大雨のとき。土砂で埋められてしまった田んぼは、そのまま耕してサトウキビを植えたよ。でも、土地がやせてるさ。結局、だめで、その後は茶畑の敷き草用のススキを植えだした。田んぼにススキを

植えたんだよ。前は、お茶用の敷き草はリュウキュウチクを使ってたんだが、だんだんリュウキュウチクの生えていたところが森になってしまったことも関係してるよ」（蛯原・盛口　2011）

　田んぼの消失は、周囲の耕作地や森林の変化とも連動していた。森林の変化は、薪炭林としての利用が衰退していったことであり、段々畑でのサツマイモ栽培が減少していった傾向とも歩をあわしている。同時代的にサトウキビブームも起こっている。これは 1959（昭和 34）年から 1965（昭和 40）年まで続いた時期を指すものである。サトウキビブームの到来は、日本政府の甘味資源自給力強化対策の一環で、沖縄の糖業に対する保護が厚くなったことや、1963 年に国際糖価が急騰したこと（1962 年の 10 月にキューバ危機が起こっている）、製糖工場の大型化で換金性が高くなったことなどが理由としてあげられている（来間　1991）。

　それまで続いてきた半自給自足的な生活から、消費社会への組み込み、人口の流動化などの影響が、島々の集落にも及んできた。

　「昭和 20 年代の末期ごろから人口の都市地区への流出がはじまり、それに伴って土地を手ばなす人も増えた。土地と猪垣は不離一体の関係にあったため当然のことながら猪垣の維持管理も疎かになった。（中略）1959 年頃（昭和 34 年頃宮城親勝区長）からは猪垣を放棄せざるを得なくなった」（奥のあゆみ刊行委員会　1986）

　これは何も奥に限った話ではなく、日本全体においても、時期の早い遅いはあるにせよ、同様の流れは押しとどめようがなかった。トチノキなど、伝統的な木の実の利用文化について調査を行った松山も、戦後の生活の変化と、それに伴う伝統文化の変質について、「むらびとの半数が雑穀を主食にしていた昭和 30 年ごろ、白山麓には発電所の建設工事に代表される大規模な土木事業が相ついで行われる。（中略）多額の現金収入は、過小貧農層にも大量のコメの購入を可能にし、100％米飯食の普及をみるにいたる。その結果、このむらでは木の実と雑穀とが相前後して主食の地位から脱落していった。さらに工事関係者がもたらしたプロパンガスがこのころ以降急速に普及してくる。それにともなって、従来イロリにかけてヒエメシを炊き、ときにドングリのアク抜きにも使用した三升鍋・五升鍋などは、ほとんど用途をもたなくなっていった。一方では、村外からの労働者

がマヨネーズやカレー粉・マカロニ・練製品をむらにもたらすこととなり、人びとはこの時期から急速に新しい食品を受容していったのである」(松山 1982)と書いている。

　それまであった共同社会の変質は、集団魚毒漁を行うことを難しくした。また、伝統的な魚毒植物よりも効果のはるかに高い、青酸カリなどの化学物質も手に入れられるようになった。魚毒漁は、諸刃の剣であり、資源を効率的に得ようとすると、資源の永続的な利用を困難とする。それまでは魚毒植物を利用することによって、魚毒植物による毒の効き目の強弱や、魚毒を得るための手間の必要性、また、魚毒植物が得られる時期などの制限があった。また、共同体における禁制や制限もまたあった。それらが取り払われてしまった時、急速に資源の枯渇を招いてしまったということが、先の島田の文章からは読み取れる。

　久米島においても、同様の現象がおこったらしい。「このような稀薄なササを使って、浅海のハゼ類やベラ類を獲ることは、近年まで続いた女たちの漁の一つ」であったが、青酸カリや農薬などの大量殺戮で魚がいなくなってしまい漁がすたれたと文献にある(仲原 1990)。

　このようにして、魚毒漁は全面的な禁止を迎えることになる。

3－20　まとめにかえて

　魚毒漁は、すでに過去の漁である。また、その復活を望むべくもない。そうしたこともあり、琉球列島に魚毒漁が存在した事実は、現在、それほど多くの人には認知されていないのではないかと思う。

　私は2000年に沖縄島に移住したのだが、その時、それまで居住していた埼玉県の丘陵地に位置する、いわゆる里山と比較して、サトウキビ畑ばかりが広がる沖縄島の農耕地に違和感を持ったのが、本書を執筆した動機の背景にある出来事だ。

　琉球列島には、本土の里山のような環境はあったのか。あったとしたらどのようなものなのか。そのような疑問を持った私は、直接的には2011年からメンバーとして参加した、総合地球環境学研究所の「列島プロジェクト」(湯本貴和代表)の、奄美・沖縄班としての研究活動を通じ、島々

の年配の方々を訪ね、「島に田んぼがあったころ」をキーワードとして、かつての自然利用の話の聞き書きを行った。その成果はこれまでいくつか発表を行ったが（盛口 2011、盛口 2019 ほか）、その聞き取りの中で、しばしば魚毒漁についての話が登場した。そうした聞き取りから見えてきたのは、琉球列島においては、実に多様な魚毒植物が利用され、魚毒漁の形態も多様であったということである。そして、魚毒から、人々の自然利用の様々な面に話が広がりうることもわかってきた。本書は、そうした結果をまとめたものである。

　冒頭で紹介した岩崎卓爾による白保の魚毒漁の記録はごく短い文章であるが、そこに書かれた内容も、さぐってみると、さまざまな背景やつながりがあってのものであることがわかる。月日がたてばたつほど、魚毒漁についての体験談や伝承は失われていく一方であろう。本書の中に掲載できていない事例も、まだ多々存在しているはずである。魚毒漁は禁止せざるを得ない負の側面を持つ漁であると同時に、そのような漁が多地域で長年続けられてきたのは事実であり、その事実を成り立たせたのは、人々の地域の自然理解や自然利用の的確な伝統知があったからこそと言える。私たちは、その魚毒漁を成り立たせていた知のありどころをこそ、再認識する必要があるように思う。

　次章以降は参考資料として、各島における聞き取り調査の内容と、文献調査のうち、1 ～ 3 章で紹介しきれなかった情報について紹介を行う。

4章
琉球列島における魚毒漁に関する聞き取り

　主に 2011 年〜 20 年にかけて、種子島〜波照間島の方々に、かつての自然利用の話を伺う際、聞き取ることのできた魚毒植物、魚毒漁またはその周辺の出来事についての記述である。Ａ１〜は、話者それぞれにつけてある記号である。未発表のものは初出としてある。

種子島
Ａ１．種子島・西之表市国上（昭和 11 年生まれの話者）
　「ウミタデ（コフジウツギ）という木があります。葉っぱを潮だまりですると、アブクが出て魚が浮いてきます。川用の魚毒に使うカワタデ（イヌタデ？）というものもあります。コヤスギ（エゴノキ）の実を海でたたいても、そのへんの魚が陸のほうに飛び上がってきますよ」
* 盛口満 2011「木に教わる暮らし」三輪大介ほか編『木にならう　種子・屋久・奄美のくらし』ボーダーインク pp.9-26

屋久島
Ａ２．屋久島（昭和 36 年生まれの話者）
　「魚を捕る植物？　カイコウズを使ったという話。葉っぱをつぶして、潮だまりに入れて魚捕ったと聞きよった。自分はやったことないが、先輩からそう聞いた。川でやる場合は昔から青酸カリ。ウナギのほかに、アユも捕れたっちゅうよ。オオウナギはゴマウナギと言う」
* 初出

Ａ３．屋久島・一湊（昭和 16 年生まれの話者）
　「この木（コフジウツギ）を使った。ちっちゃいころ、石でつついてね。

子供だけでなく、大人の女の人もやった。あんまり効果があるもんじゃあり
ませんでしたが。あと、モッコクは魚を焼くのには使うなと言っていた。毒
だからと。あれは、シロアリが唯一つかない木だから。ゴマウナギは、毒で
はなくて、罠をしかけました。針にハゼをしかけて、一晩おいておいて。あ
とは竹にカギをつけて、顔だしているやつをひっかけるとか。マウナギも川
の中にうじゃうじゃいましたよ。マウナギは糸にミミズを通して、そのミミ
ズ糸を、竹の先に結んで、その竹を川の中に暫くさしておくと、ウナギが飲
んで歯に糸がひっかかるので、竹を抜いて捕りました。基本的に一湊だと、
磯で貝や魚を捕るのは女、子供の遊び。磯で魚を捕るのは道楽者と言われて、
大人の男は漁です。トビウオとサバですね」

＊初出

A4. 屋久島・宮之浦

「僕は使ったことがありません。ただ、話として聞いたことがあるのは
メーノキの実です。子供ではなく、大人が潮だまりに入れて使っていたとの
こと。メーノキはエゴノキのことで、かつては旧正月の餅花を飾るのに使っ
ていました」

＊初出

奄美大島

A5. 奄美大島・奄美市（旧笠利町）用安（大正12年生まれの話者）

「田んぼのジョジョ（ドジョウ）は食べましたよ。水に泳がせて、泥をは
かせて、焼いて食べました。フナも食べました。フナは川に多かったですが。
フナには金魚のようなフナと普通のフナがおったですよ。川の上流に金魚の
ようなフナがおりました。エビも多かったですね。川にもいました。サイと
いう小さいエビと、大きなタナガーと。この、サイで魚を釣ります。川の草
の生えているところを、ザルでがさがさして、サイを捕って、魚を釣りまし
た。魚を釣るのも、小学生ぐらいから。魚を捕るイジュは、笠利にはありま
せん。龍郷には生えています。だからこっちから向こうに行って、皮を採っ
て帰りました。個人の林のところに生えているものだったらもらってくるし、
国の林に生えているものは、勝手にもらってきて……。あと、川で使うもの

は、サンショウです。あれを切ってきて、川上でたたくと、ウナギやフナが捕れます。イジュは量が少ないから、使うのは海の水たまりですね。あと、イジュに代わる草（ルリハコベのこと）があって、これは畑にいっぱい生えておるから、ひいてきて、臼でついて使いました。あれはよく利きますよ。ここは海にたくさん、水たまりがありますから」

* 盛口満編 2018『琉球列島の里山―記憶の記録―』沖縄大学地域研究所彙報 12 号

Ａ６．奄美大島・奄美市（旧笠利町）大笠利（大正 10 年、昭和 5 年、昭和 14 年生まれの話者）

「川ではウナギとかカニとかも捕れました。サンショの木をたたいて、酔っぱらわせて捕りました。今は田んぼもなくなって、ウナギもいなくなりました。サンショは川の横にありましたよ」

「山にも。あと、海でもやった」

「コークサ（ルリハコベ）でもやった」

「畑に生えておった。これをつぶして」

「海で」

「コモリといっている水たまりがあるから。そこに小さい魚がおるから、そこでやりおった」

「主に三月三日にやりました。コークサを使うときは、必ず灰と混ぜてやりよった」

* 前掲文献

Ａ７．奄美大島・奄美市（旧住用村）摺勝（昭和 17 年生まれの話者）

「アユは小さいときは捕って食べましたよ。捕まえ方もいろいろですが、一番、簡単なのは手づかみです。これは川の浅いところで、水中メガネをかけて手を広げて、手のひらをパタパタさせます。そうすると驚いたアユが石の下にもぐるので、そこを手づかみするわけです。これ、一番、原始的な方法です。アユを釣る人もいました。テナガエビを焼いて、飯粒ぐらいに小さくして針につけて釣ります。イジュは山の中の川でウナギを捕るために使っていたみたいです。デリスが入ってからは、川でこれを使う場合がありましたが、デリスは毒が利きすぎて、一度使うと何年も魚がいなくなったりして

しまう。このあたりでは、お酒を飲んですぐにふらふらする人のことをヤジといいます。ヤジというのはアユのことです。これはデリスの毒が利いたアユに似ているからついた呼び名です」

* 盛口満ほか 2011「水辺の暮らし」三輪大介ほか編『木にならう　種子・屋久・奄美のくらし』ボーダーインク pp.49-67

A8．奄美大島・瀬戸内町手安（昭和6年生まれの話者）

「子どもの頃、年輩方や年寄りらが、イジュを使って魚を捕るのを見ました。捕ったのはウナギですね。イジュの皮を臼でつついて、くだいて袋につめて。やり方はシマジマで特徴があったと思うんです。手安では袋に詰めて……米俵みたいなのとか、キビナゴ捕りに使った目の細かい網のきれっぱしとかにイジュの皮をつめて、川の上流に持って行って、それを青年や子供たちが足で踏んづけて。下のほうで、ウナギのいる穴に毒が入り込むとウナギが酔っぱらったようにでてきます。子どもの頃の記憶です。沖に珊瑚礁があるところでは、海でも毒を使うと聞いていますが、ここでは海では使いません（注：手安の前の海は干潟になっている）。うちの隣近所のおじさんで、これが好きな人がいて、本土から親戚が帰ってきたとか、豊年祭前後の遊び日に、そうした暇なときに音頭をとるリーダーの人がいて、今日、ウナギを捕って歓迎会をするよ……と声をかけてやりよったですよ。昔はそこいらの小川もコンクリ漬けではなくて石の護岸でしたから。小さな溝のようなところでも、ウナギがおって捕れたんです。これは私が子どもの頃、昭和10年代から20年代までの話です。そのあとは電極を持ってというやり方になって、ひどいところでは青酸カリを使っていました。イジュを使ったのは、昭和のそのころまでかと思います。デリスも同じころに使っていましたが。私はデリスの経験はありません」

「イジュは家の材木として貴重品です。めったに使えないもの。ハーモモ（モッコク）よりも珍重されました。珍しい材で虫もつかないと。これは注文に応じて材を出していました。貧乏人の家では松材とかでしたが。経済的に余裕のある方はイジュ材を切り出してというのがあったんですが、そうざらには出せなかったと聞いたことがあります。このへんはイジュ自体が原木として使えるほど、生えていなかったんですね」

「いわゆるウナギと今、言っているのはタウナギと言っていました。川に
いる大きなウナギはコーウナギです。田んぼのウナギは鋸を使って捕る人も
いましたよ。ここら辺の人はドジョウを食べることはなかったですね」
* 盛口満 2015「琉球列島における魚毒漁についての報告」『沖縄大学人文学部紀要』17:69-75

Ａ９．奄美大島・瀬戸内町清水（大正 11 年生まれの話者）
　「ウナギを捕るには青酸カリ、あれがてきめん。ただ青酸カリは買えない
から、サンショ流して捕りよった」
* 盛口満 2009「瀬戸内町清水・畑仕事が人生だから」盛口満ほか編『ソテツは恩人　奄
　美のくらし』ボーダーインク pp.9-20

　「ウナギを捕るには、サンショの木を切って、たたいて流す。もうひとつ、
魚を捕るときの木があって、これは材木とかにも使う木。そうそう、イジュ
よ。これを使った。昔の人は、何が何にきくとわかってたんですよ」
* 盛口満 2011「昔の人に笑われるよ」三輪大介ほか編『木にならう　種子・屋久・奄美
　のくらし』ボーダーインク pp.81-94

Ａ 10．奄美大島・瀬戸内町蘇刈（昭和９年生まれの話者）
　「田んぼにはセという小さいエビもいたし、ウナギもいた。ウナギを捕る
ときは、田んぼのわきの溝を、一列で歩いて、ウナギを追い詰めます。そう
すると、ウナギは溝から外に出ようと顔を出すので、すぐにわかります。
思い出すよ。私は郵便局に勤めておったが、郵便局に入ってからも、ウナ
ギを電気でしびれさせて捕って、局員全員で食べるとかしました。青酸カリ
を使ったら、いくらでも捕れたし。魚を捕る木もあります。イジュの皮を川
の上でたたいてよ。青酸カリはその何十、何百倍の威力です。蘇刈は池みた
いな田んぼだったから、ウナギはいくらでも捕れました。ドジョウはあんま
りいなかったし、食べたことはなかったね。結局、ウナギがいたからね」
* 盛口満編 2018『琉球列島の里山─記憶の記録─』沖縄大学地域研究所彙報 12 号

Ａ 11．奄美大島・瀬戸内町嘉鉄（昭和 31 年生まれの話者）
　「ウナギ捕りの餌はカエル。それを穴に突っ込む。あとは畔の間にある水

路を 10 メートルくらいふさいで、三人くらいでかきまわして、呼吸苦しく
なって上がってくるのを捕るとか。ウナギ捕りは楽しかったな。捕るのは
ドゥルウナジといって、普通のウナギ。これが今、全然いない。大きいマー
ウナジ（オオウナギ）は硬いから、あまり食べんかった。ウナギを焼くとき
のだしの作り方の名人がいた。誰かがウナギを捕って焼くと、そのにおいが
わーっと村中に漂ったよ。そうしたら茶碗二つ、ご飯持って、作っている人
のところに行く。誰でもオーケー。誰でもご飯持って行ったら、食べさせても
らえる。それくらいウナギはいっぱいいた。あまり大きな声じゃいえないけど、
その当時、青酸カリを投げることもあった。そうするとウナギがわーっと浮
き上がって、奪い合い。鎌で頭を落として、背中のカゴに放り入れる。サン
ショウをたたいていれても、ウナギが浮き上がるよ。あとデリスもたたいて
流したよ。嘉鉄の同じ世代と飲むと、こんな話ばかり。下の世代はわからん。
せいぜい、うちらの三つ下までじゃないかな」

* 盛口満 2009「瀬戸内町嘉鉄・夏のウナギ捕りは楽しかった」盛口満ほか編『ソテツは
  恩人　奄美のくらし』ボーダーインク pp.35-46

A 12.　奄美大島・瀬戸内町勝浦（昭和 13 年生まれの話者）
　「イジュの木の皮を川でたたいて、ウナギを捕りました。イジュを使うと、
ウナギは弱るだけで死にませんが、デリスを使うと、完全に死にます。デリ
スは小中学校の頃は、学校に植わっていました。学校の帰りに根っこを採っ
て、そばの川に入れてウナギを浮かして。デリスの枝を切ってきて、植えた
こともあります。デリスは農薬に使ったらしいですね。それと、その後、青
酸カリを使うこともありました。海でこうしたことをやるというのは、ない
ですね。タコ捕りの場合、タコが穴から出てこない時、木灰を穴の中に入れ
ると、タコが出てきよったですけど。ウナギは、カエルを餌にして、延縄に
して釣りもしました。夕方しかけて、朝に捕りよったです」

* 盛口満編 2018『琉球列島の里山―記憶の記録―』沖縄大学地域研究所彙報 12 号

A 13.　奄美大島・瀬戸内町管鈍（昭和 13 年生まれ、昭和 20 年生まれの話者）
　「デリスでウナギを捕ったね」
　「サンショウも使いました」

「そうそう、サンショウは葉っぱを採ってきて、ドンゴロスの中にそれを入れて、つぶしてね。あんまり水が多いと効かないから、川の中に石を積んで、せぎってから流してね」

「デリスというのはわからない」

「デリスは一番効く。デリスを植えてあった家が一軒ありました。ほかにセンベ（ゴモジュ）という、葉っぱが丸くて、厚みがあって、赤い実をつける、垣根に使う木の葉も使えるけど、これは効きが悪い。もっと原始的なのはタバコの葉を使って捕る方法。タバコは昔、自分らで作っていたから」

「うちらが使ったのは、サンショウだけ」

「一番効き目がいいのがデリス。次はサンショウ。センベは効きが悪い。それと、カーバイドも効いたよ。カーバイドを水に放り込んで、ウナギを捕ったよ。カーバイドはあんまり手に入らなかったけど」

* 前掲文献

喜界島

A 14. 喜界島・仲里（昭和 21 年生まれの話者）

「僕が小さいころ、母親が毒草を採って、朝早く海に行って、叩いて、それを潮だまりに入れて魚を捕ってくるというのがありました。朝早く行っていましたね。草の種類は 3 種類位あったようです。草を叩く場所も決まっていました。40 代、50 代のお母さんが、毒草をつんで持っていきましたよ。ミッチャルー（ルリハコベ）とか。もう一つは、赤っぽくて背が高くなるものだったような」

* 盛口満編 2018『琉球列島の里山―記憶の記録―』沖縄大学地域研究所彙報 12 号

A 15. 喜界島・志戸桶（昭和 11 年生まれの話者）

「ミッチャルーとティンボッサー(キツネノヒマゴ)というのを使いました。ティンボッサーは白い花が咲くものです。ミッチャルーは、3、4 月に小さな花が咲きます。するのは、サンゴ礁のくぼみで、ムッチュビーという魚とかが捕れたりしました。もっと大きい魚もいました。ウナギを捕るのには使いませんでした」

* 前掲文献

A 16.　喜界島・上嘉鉄（昭和35年生まれの話者）
　「ミッチャルーを使うのが主流です。いっぱい採って、大きなフムリに入れて魚を捕ります。でもミッチャルーを使うのは5月ごろ。冬場は、違う草を使います。今思うと、キツネノヒマゴじゃないかなと。ミッチャルーで捕ったのは、ムットゥビとかです。母がイダリ（潮だまり）で捕ったのは、ムットゥビよりちょっと大きい、ムツゴロウみたいな、フッチャーという魚だったと思います」
* 前掲文献

A 17.　喜界島・崎山（大正9年生まれの話者）
　「ミッチャルーを使いました。旧の三月三日は海にいかないとつんぼになるといっていましたから。海にいって、団体で大きなクムリにミッチャルーを入れて」
* 前掲文献

A 18.　喜界島・川嶺（昭和30年生まれの話者）
　「ドジョウはいましたが、ここではドジョウは食べません。魚を捕るのにミッチャルーを使いましたが、ウナギを捕る習慣はなかったですね。海のウツボは捕りましたが。ここは海まで2キロ離れていますから。確実に捕れるものをねらって。棒の先にイカをつけて、それをいれると巻き付いてくるから、引き上げて、バシーンと叩きつけて。うちのとこだけだよね。ウツボを捕るのは。確実に捕れるから、ウツボを捕るんだと思うんだけど。ため池にコイはいたから、ため池で釣りはしたけど」
* 前掲文献

徳之島
A 19.　徳之島・母間（昭和19年生まれの話者）
　「魚を捕るのに、イジュも使いました。毒を入れることをコといいます。潮だまりを見て、もう、コ、入れられているよと言ったり。川と海では毒の効き方が違うので、使う植物も違います」

* 盛口満編 2018『琉球列島の里山―記憶の記録―』沖縄大学地域研究所彙報 12 号

A 20. 徳之島・花徳（昭和 8 年生まれの話者）

　「魚を捕るのに使ったのは、ミズクサ（ルリハコベ）です。紫の花をつける草で、春先にこれを使いました。魚を捕るとき、青酸カリを使うと、ころっと死にますが、ツバキの搾り粕だと、酔ったようになります。名前がわからないが、目が大きくて、しっぽのほうが急に細くなる魚がいて、これが決まった穴の中に入り込んでいる。3 か所、そうした穴がありました。ツバキの油粕を袋に入れて、長い竿の先につけて、穴の中に入れると、酔っぱらったようにして出てくる。そんなこともやりました。イジュは皮をむいて、海で皮を砕いて。あと、花徳でシャーマーギと呼ぶ、エゴの実も砕いて使いました。スクは友達と捕りに行くけど、本当に 1 か所にかたまっているときは、網をそっといれて掬うことができます。ただ、イノーにはいってきて 2、3 日するとかたまっていなくて、あちこち泳ぎ回るようになるので、そうした時に毒で弱らせて捕ったということじゃないかな。川でオオウナギを捕るのにはグムル（ゴモジュ）という木の葉を使いました。この木の葉は、落花生を炒ったようなにおいがします。葉っぱの骨の赤い木です。神戸にいたことがありますが、神戸では庭木にしていましたね。葉っぱの分厚い木です。戦後、集落の中のグループごとに、この川でやろうと決めて。午前中にグムルの葉を刈り取って、棒でたたいて。そうすると、川の水が真っ黒くなって、ウナギが酔っぱらったようになって出てくるわけです。その後、青酸カリを使うようにもなりましたが。サンショウの葉っぱでもできますが、サンショウは一般にはたくさんありませんから。川でやるときは、石で川を仕切って、上流で葉っぱを叩いて」

* 前掲文献

A 21. 徳之島・花徳（昭和 16 年生まれ）

　「昔はツバキの種を絞って油をとって、その粕をもっていって、魚を捕るのに使いました。8 月 15 日に集落をあげて、水たまりの大きな所へ行ってやるんです。年中行事みたいなものです。油粕を持ち寄って、水たまりにふって、魚が浮き出した時に、捕ったという、そういうのがありました。ツ

ゴモジュ
徳之島では魚毒としてよく使
用されていた。生け垣などに
も使われる

バキの種を搾って、油をとって、炊くと泡がでます。その泡を菜っ葉で取って、
できた油を食用にしました。デリスもやりました。デリスは強いので、魚が
みんな死んでしまいます。ツバキだと毒がそれほど強くないので、魚が酔っ
ぱらっているようになります。8月15日にコをいれたのは、畔ビーチの近
くにある、サギジャイノーです。捕った分、もらえました。大人が油粕を水
たまりにふって、魚が浮き上がってきたら、号令をかけて、みんなで走り込
んでいって、捕ったんです。思い出がありますね。サギジャイノーの水のな
いところに、それほど大きくないウツボが出ておったんですよ。ザルに追い
込んで、腰のかごに入れて、おとなしいんですね。ウツボは噛むというけど、
本当に噛むのかなと思って、指でつついたら、噛みつかれて、指がぱちっと
切れてしまって。弱っていておとなしいから大丈夫と思っていたんですけど
……。そういう思い出があるんですよ」
　「沖縄でスクと呼んでいるアイゴの子どもがいますね。スクを捕る時は、
毒の弱いものを使わないといけません。海藻がいっぱい生えているところで

泳いでいるので、強い毒を使って、死んでしまって底に沈むと、拾うのが大変です。だからツバキの搾り粕を使いました。イジュはあまり花徳にはありませんでした。タデでもやったことがあるな」

* 前掲文献

A 22. 徳之島・井之川（昭和5年、8年、9年、10年、14年、22年の話者）
「ミズフサ（ルリハコベ）は魚に効くみたいです」
「種ができるときに使うのが一番いいと言っていました」
「丸い種が一番、効くと。石でつついていれると、魚が気分悪くなるみたいで」
「旧の三月三日には、必ずこれを採ってやりよったですよ」
「ハマフサといって、海岸に生えている草で、青い花を咲かせるもの（ハマゴウ？）も使えます。それも石でつぶして使いました」
「キビ畑ばかりになって、ミズフサも減りました。芋を作っていた時は多かったのですが」
「そうそう、イジュも使いました」
「それと、ツバキの種」
「夜通し、種を臼でつぶして、それを使いました。ここでは油は取りません。魚を捕るためだけに、種を夜通しかけてつぶしました。それをきれいに布に包んで、棒の先につけて、水たまりに入れて、揺り動かして」
「魚の隠れている穴の中にも差し込んでね」
「カタシの種と言っていました。ツバキには2種類あって、小さい実をつける方を、実ごとつぶして使いました。大きい実をつけるやつは、また別です」
「ウナギを捕るときには、グムギ（ゴモジュ）を使いました」
「グムギの葉をワラつちでつぶして。デリス粉も使いました。あれはてきめんです。青酸カリより強いですから」

* 前掲文献

A 23. 徳之島・西犬田布（昭和8年生まれの話者）
「ここで多いのは、ムジクサ(ルリハコベ)ですね。たくさん生えているので、手っ取り早くたくさん採れますから。ただし、効き目は弱いです。よく効くの

はイヌタデです。自然の草を使うのはこれですね。誰でも簡単にできること
です。海に草の入ったカゴを持って行って、潮だまりの縁において、石で草を
たたいて汁を出します。それを入れると、タイドプールが緑色になって。そ
れでしばらくすると魚が浮いてくるので、掬い取りました。ここではイジュ
を使ったことはありません。イジュがないので。デリスは後で栽培するよう
になりましたが、それは海で毒を使うのを禁じられてからです。防虫剤で使
おうと思って栽培しましたが、それも薬が使われるようになってデリスは使
いませんでした」

* 前掲文献

A 24. 徳之島・金見（大正 14 年、昭和 2 年、9 年、14 年、20 年生まれの話者）
　「アクティ（モクタチバナ）の根っこを鍬で掘って、これをつぶして、それ

イヌタデ
日本本土や琉球列島の一部
で魚毒に使用した

モクタチバナ

徳之島の金見でのみ
魚毒の使用例を聞き
取っている

を潮だまりに入れて魚を捕るのに使いました。アクティの実は食べられます」

「アクティの根っこはつぶして粉にして、灰と一緒に入れます」

「アクティは今もあちこちにありますよ。実も食べれます。見るとリンゴそっくり」

「ほかにはクゴグサ（ルリハコベ）を使いました。この草は麦の時期に咲きます」

「カタシの実とか」

「金見にはイジュはあまりないから」

「魚を捕る準備をしたら、ブンマイ（イノーの海面上に姿を見せる岩）を見て、あっちは魚がおるとにらんだら、藁を持って行って、逃がさんように囲んで、一か所だけ口をあけておいて、そこからアクティをあおぎこむわけ。それでサディを開けておいた口においておいて、魚を捕ります」

「集落の下のクムイ（潮だまり）を共同でクゴ入れ（魚毒入れ）といって、やって魚を捕りました。青酸カリも使いましたよ」

「やるのはだいたい、夏です」

「みんなでやるときもあるし、個人でやるときもあるし。クムイの大きさにもよります。クゴ入れをするクムイの競争が激しいので、自分がやるというときは、棒をさしておくわけ。ヌーシヌタテといいます。そうした棒が立ててあるところで、他の人がクゴを入れて見つかったら、これは村八分にされます」

* 前掲文献

A 25・徳之島・阿三（昭和6年、8年生まれの話者）

「ミズクサを使った。カゴに入れて海まで行って、石ですってクムイに入れると、魚が酔って上がってくる」

「ミズクサではあんまり捕れない。あとはタデ。タデは苦くて効き目もきつい」

「タデは田んぼの畦道に生えていたよ。10年くらい前に、シロアリの駆除する草（デリス）を植えました。これも魚が捕れるというけれど」

* 前掲文献

A 26. 徳之島・馬根（昭和13年、14年、21年生まれの話者）

「サンショウでやりました。つぶすとすごいニオイがするね。サンショウは棘が生えていて、あんまり大きくならない木でね」

「グムンギ（ゴモジュ）をザルに2、3杯持って行って、石の上でそれをつぶして、それで魚を捕りました。赤い実がなる木です」

「タデでも捕りよった」

「ミズクサは使っていないね。青酸カリを苗代の虫を殺すためというと、昔は簡単に売ってくれて。それを川で魚捕りに使う人もいて」

「ウナギを青酸カリで捕っても、内臓を取ったら、大丈夫というけど」

「青酸カリを袋に入れて、海の中で溶かして魚を捕って、その袋を洗わずに、捕れた魚を入れて持ち帰って食べたら、それで中毒して亡くなった人がいると聞いたよ」

A 27. 徳之島・松原（大正 15 年生まれの話者）

　「イジュという木の皮をはいでやりました。これが一番の劇薬です。海の
クムイにいって、叩いて汁を出して魚を捕りました。まだ、規制のなかった
時代の話です。魚は浮くが、人はこの魚を食べても、別にどうもないです。
あとは、アイグサ（イヌタデ）でも魚は捕れます。ここではこうして毒を使
うことを、コを入れるというから、アイグサでコを入れるのをアイグサゴー、
イジュで入れるのをイジュゴーといいます。デリスも内地から来ましたね。
グムンギーはあんまり使ったことはありません。アイグサゴーとイジュゴー
だね。一番使ったのはそれです。川でも使うよ。川ではウナギも捕りました。
カタシの油を搾りました。これは髪の毛につける油。カタシの搾り粕でも魚
を捕ります。劇薬です」

* 前掲文献

A 28. 徳之島・当部（昭和 21 年生まれ）

　「主にタディ（イヌタデ）です。これを使って、川でウナギやエビを捕り
ました。ゴモジュも使ったような」

* 前掲文献

A 29. 徳之島・山（昭和 2 年、7 年生まれの話者）

　「ミズクサを使いました」

　「あと、カタシの種から油を搾った粕。それとサーマク（エゴノキ）とい
う木の実ね。これは海で使いました。川ではコースクという木を使いました。
これは葉っぱとか皮をつぶして、ウナギを捕りました」

　「サーマクは、アイゴの子を捕るのに使って、ミズクサはトビハゼみたい
なのを捕るのに使っていました。サーマクの実は木灰とこねて袋に入れてね。
ミズクサを使うときは、当日、採って使えばいいけど、サーマクは、前日か
ら山にいって採ってきて用意しないといけないんです」

　「コースクは奥山の上のほうにいかないと、生えていません」

　「サーマクの材は昔は貴重品で、お椀とかも作る木でした。材が柔らかく

てね」

* 前掲文献

A 30. 徳之島・手々（昭和2年、3年、6年、7年、27年生まれの話者）

「魚を捕るのには、青酸カリを使ったけど」

「昔は実と草（ルリハコベ）を使いました」

「アカモモ（モッコク）という、大きい木で赤い実がなるのがあって、その実を砕いて、袋に入れて。この木は山にいっぱいありますよ」

「集落内の人で、年に一回やりました」

「やったのは夏。水に飛び込んだりするし。海岸で、集落の恒例行事でやりましたよ。大きい魚も捕れましたよ」

「主に捕れたのはボラだね」

「戦前の話ですよ」

「コ入りっていいますよ」

「区長さんが音頭を取って、コ入れをしました」

「近所に、木の根っこに毒のあるもの（デリス）が植えてありましたよ」

「田の虫を殺すのに使ったんです。それと、根っこをたたくと白い汁がでる。これをクムイに入れると魚が浮いてきます」

「手々と与名間の境にアカモモの実を採りに行くんですが、与名間の人とけんかになるんです」

「けんかじゃなくて、あれは泥棒。手々の所有地にはアカモモなくて、与名間の所有地には生えているものだから。コ入りは、一つのイベントで、楽しみでしたね」

* 前掲文献

A 31. 徳之島・目手久（昭和9年、12年生まれの話者）

「川でタデを使いました。海に行って、すったら、それを潮だまりに入れると、小さい魚が、ぷっぷっと浮かんできてね」

「それと、シッキリャ（ナマコ）を石ですって、それでも魚を捕りました。終戦後、青酸カリになったけど、その前はナマコを使っていて、ナマコを石にすって、ナマコの皮が光るまでといで、それを入れると、魚が酔ってね。

そのあと、ナマコを真ん中から割って、中身を捨てて、皮は持って帰って炊いて食べてました」

* 前掲文献

沖永良部島

A 32. 沖永良部島・知名（昭和 18 年生まれの話者）

　「ドジョウは食べた記憶はありません。昔はフナもいましたし、トウギョもいました。タニシは食べよったですね。今はタニシのかわりにジャンボタニシがいます。これも誰かが持ってきたものです。モクズガニもいて、ヤマ（わな）をしかけて捕りました。魚を捕るのに使った植物は、デリス、イジュ、それにミジクサ（ルリハコベ）です。子供の頃、大潮の日に潮だまりに、ミジクサを潮だまりが青くなる位いれましたが、魚がそんなに出て来た覚えはないですね。子供たちで、抱えられるだけミジクサを抱えていきましたけどね。デリスは植えるとシロアリが来ないといって、屋敷周りに植えたりします。魚を捕るのに、青酸カリを使ったりすることもありました。青酸カリを使って捕った魚は、はらわたを捨てればいいといっていました」

* 盛口満編 2018『琉球列島の里山―記憶の記録―』沖縄大学地域研究所彙報 12 号

A 33. 沖永良部島・屋子母（昭和 27 年生まれの話者）

　「魚毒に使ったのは、デリスとほかの草。草は黄色い小さな花をつけるもの（シナガワハギ？）。黄色い花の草を使うのは、子どもが釣りの餌として、ぴょんぴょんとぶハゼを捕るとき。小さな潮だまりに入れるんで、大きなタマリには入れないよ」

* 前掲文献

A 34. 沖永良部島・久志検（昭和 9 年生まれの話者）

　「ササを使うときは、字の人がみんなで行きよった。ミークラニギー（フクロギ）を持って」

* 前掲文献

A 35. 沖永良部島・正名（昭和 16 年生まれの話者）

「ササにしたのは、ミジクサ。それとそのあとはデリス。それと青酸カリ。子供も大人も一緒。ミークラニギーというのも使いました。サボテンみたい。石垣とかに、昔はいっぱいあったが、ここのところ、見たことがない」

* 前掲文献

A 36.　沖永良部島・国頭（昭和 20 年生まれの話者）

「魚毒にはイジュを使った。イジュは大山にあるけど、大山には米軍基地があったから、アメリカに怒られると言って、皮はぎは朝早く行った。これ、汁が皮膚についたら、そこがかゆくなるよ。潮が引いたとき、でっかい岩の下のタマリに魚が隠れているからとこれを潮だまりにいれて、すると魚が飛び出てきた。じっちゃんから子供まで。『イジュを入れるぞ』と言うと、親族で集まってやった。それでイジュを入れてみんなで捕まえて」

* 前掲文献

A 37.　沖永良部島・国頭（昭和 23 年生まれの話者）

「ドジョウはゆがいて、塩味とかで、食べていたよ。ドジョウは水がないときは泥の中に潜っていて、泥の上に口があいているから、それを目印に掬って捕ってね。魚毒に使ったのはミジクサ。潮だまりに持って行って、砂と一緒についてこれを撒く。子供の遊び。これでムツビというハゼみたいなのを捕ったよ。あと、デリスも使いました。デリスは各家にあって、これはシロアリ防除になるからと。うちにもあったけど、あんまり繁茂するので、撤去しました。デリスは台所にもよく吊るしてありましたよ」

* 前掲文献

与論島

A 38.　与論島（昭和 11 年生まれ）

「ササに使ったのはミミジグサ。あと、トウダイグサ。これはハンバラ（海岸の隆起サンゴ礁からなる石灰岩）の上に生えているもの（イワタイゲキ）も使いました。主食を捕るという意味合いではなく、遊び半分でやりました。魚を捕るのに使うために、デリスを植えるということがありました。ただ、今は繁茂して邪魔になって採り払われてしまっています。大量にササを入れ

イワタイゲキ
耕地雑草のトウダイ
グサとともに海岸の
岩場に生えるイワタ
イゲキも魚毒として
使用された（与論島）

て捕るだけ捕ったあと、みんなが帰った後、でてきた大きなミーバイを捕ま
えたという少年がいましたね」
* 盛口満編 2018『琉球列島の里山—記憶の記録—』沖縄大学地域研究所彙報 12 号

A 39．与論島（昭和 27 年生まれ）
　「与論ではイジュがあんまりないので、ササにイジュという話を聞かない
です。子供だけでなく、大人もやりました。青酸カリを使うようになったら、
青酸カリになってしまいましたが。やるのは春です。ルリハコベもパッタイ
マチもその頃にでますから」
* 前掲文献

A 40．与論島（昭和 11 年生まれ）

「ササ入れは、臼でつぶして、海岸に持って行って、潮が引いたときにやったものです。田んぼにはドジョウがいて、僕らは食べましたよ。焼いて食べたり。ただ、食べると言っても、わざわざそのために捕って食べるというより、あったときに食べるという位のものでしたが。ドジョウはジジョウと呼んでいました。釣りの餌にもしましたから、中学のころ、ドジョウを捕って帰ると、親父が釣りの餌になるといって喜びました。そのドジョウも釣って捕ったりしました」

* 前掲文献

A 41.　与論島（昭和元年生まれ）

「ミジングサとパッタイマチはウマヌパナというハゼを捕るものでした。潮が引いたら、隣のおばあちゃんがよく行って捕っていました。リーフの一番上の潮だまりで、草を青くすって入れて。今はあのハゼもいないんじゃないかね。昔は電灯もなかったから、夜、潮が引くと、子どもたちがてさぐりで海に行きました。そうすると、岩の上で寝ていたんだろーね、ウマヌパナが飛び跳ねて逃げていきます。人の足音が聞こえるんだろうね。海に入るまでに、もう、ぱちゃぱちゃと音をして逃げていく……。その光景がまだ目に浮かびます」

* 前掲文献

A 42.　与論島（昭和3年生まれ）

「ササに使ったのはミジングサとかパッタイマチとか。青酸カリは鹿児島まで行って買って使いました。フナは食べましたけど、ドジョウを食べるというのはあんまりなかったですね。泥臭いから」

* 前掲文献

沖縄島

A 43.　沖縄島・奥（昭和3年生まれの話者）

「終戦後から奥は財源が少ないから、個人に海を売った。売ったお金を区の予算にしたんですね。売るときは2カ年ごしで。ササに使ったのは、もともとデリスや青酸カリなんてないから、イジュの皮をついて粉にして、それ

をばらまいて攪拌して。イジュの葉は牛やヤギにあげても死なないけれど……。戦後はデリスといってね、お茶の散布用として組合が入れて、それを使って攪拌して、魚に毒が回ったころに行って捕った。捕った魚はわけあいしないで、自分のものです。デリスの粉は、売店で売っていました。植えられていたデリスの玉（根）は使っていません。部落全体でブレーザサをしたのは、楚洲の前のイノーを楚洲から買って。ブレーザサをする人は、申し込んで人を集めて、ザルに臼でついたイジュの皮を持ってくるようにといって、やりよった。申し込んだ家庭から2人ずつ参加します。もともとはイジュの皮を使っておったが、デリスが出てからはデリス。青酸カリを使ったのは1回だけです。海のブレーザサ、終戦後、2回か3回ぐらいやりよった。その最後の時、Tさんが区長のとき、役員5人が留置場に行っているんですよ。海から帰ってくるのを駐在が待ち構えておって。このとき青酸カリを使いました。戦後使うようになったデリスは製品として売られていたものなので、イジュの皮のようにつかなくてもいいし、効き目も強いものです。小さいタマリで使うときは、砂に混ぜて撒きます。大きいところで使うときは、そのままばらまいて、かきまぜてから休憩をします。30分から1時間ほど休んだ後に魚を捕りにいきます。潮が退く前にタマリの周りにマニ（クロツグ）の葉をさした紐を流しておくと、魚がタマリの中に留めておかれます。大きな海でササを使う場合も、マニの葉をさした紐で魚を留めます。これは1人、2人ではできません。マニの葉をさした紐を使うのは、潮が引く前です」

「ワンクッビーナ（ルリハコベ）は家庭で使うササです。この草も、ヤギは食べます。川でブレーザサをするときは、上と下に分かれて、ウナギ目的でやりよった。戦前はわからんが、戦後は2回やりました。川のブレーザサも申し込みですが、行かない人は少なかったです。一つの楽しみですから。あとテッポウタマギー（サンゴジュ）の葉をつついて、川でウナギを捕りよったです。これは個人でやるものです」

「ササに使うイジュは山に自然に生えているものを使います。材は建築材になります。他の木よりも虫がつかんと言って、イジュはモッコクにつぐ建材です。終戦後はイジュやシイの材をブタと交換しました。与論や伊平屋は建築資材がないので。逆に離島は戦争がなかったんで、ブタが残っていたんです。物々交換。ヤギも牛もそうして購入しました。イクサユー（戦争中）

では芋もブタも日本の兵隊がみんな食べよったです」

「ヒク（アイゴの稚魚）はササ回して捕ったですよ」

* 盛口満 2015「琉球列島における魚毒漁についての報告」『沖縄大学人文学部紀要』17：69-75

A 44. 沖縄島・奥（大正 14 年生まれの話者）

「（マニの葉を使ったおどしは）100 メートルぐらいの長さで作ってかつい
でいくよ。潮が引く前に海に入れて。マニの葉は裏が真っ白だから、これ
が潮で動かされて、魚が外に出ないわけ。輪にしたものを担いで、泳いで
いきよったよ。ブレーザサで捕った魚はわけます。50 世帯なら 50 世帯で。
イジュを使ったのは戦前のことですね。イジュの皮を臼でついて粉にして、
ザルに入れて、一世帯 10 斤、20 斤と、各家庭に割り振って。この粉を作る
のに一日かかります。午前中、山へ行って皮を取ってきて、午後、臼でついてと。
皮はとってきて、すぐにつきます。4、5 日も干して置いたら、かえって硬
くなってやりにくい。イジュは特にどこに生えているものを採るというきま
りはありません。海のブレーザサはアブシバレーの前にやって、捕った魚は
アブシバレーの料理にしました。アブシバレーは午前中、品評会。1 時ぐら
いから車座に座って、ねえさんたちは、モーヤー（踊り）。男は相撲。それ
から飲み会です」

「テッポウダマギー（サンゴジュ）は海では使わんかった。これは個人で、
川でやるものです。川の真ん中に砂を盛り上げて、そこに葉っぱをおいて、
棒でたたく。こんなふうに、山川（支流のこと）でやるもの。下の方に囲い
をつくるということはありません。ワンクゥビーナは海のちょっとしたタマ
リで使うものです。取ってきて、石でこすってからタマリに入れます。ただ
これは大人の仕事じゃなくて、子どもの遊びのようなものですね」

「ヒクが寄ってくると言うと、朝の 5 時ごろから海に行きます。イノーの
タマリに入ってくるので、ササを入れて死なない前に捕ります。死んでしま
うと、底に沈んでしまうので、ひとつひとつ拾い集めるのが大変。ササは加
減していれんとヒクが死んでしまうから。こうして海でササを使うときは、
ティル（カゴ）にウー（イトバショウ）の葉を敷いて、その中にササを入れ
ました。これは 6 月ごろのことです。ヒクがイノーに入って草を食べてし
まったら、これはクサカミと言ってもうだめです。もっと大きく育ったもの

はエーヌクヮと言いました」

* 前掲文献

A 45. 沖縄島・奥（昭和6年生まれの話者）

「ヒクはあまりたくさん捕ったら、竹のカゴにいれて並べて干してダシに
しました。カーカスー（干し魚）です。屋根の上で太陽にあてて。ヒクがや
ってくるときは、真っ赤、真っ赤して、道みたいにして通りよったよ。これ
を4、5名ずつで組を作って捕って分け合いました。ピシ（リーフ）に来た
らみんなで泳ぎながら縄でタマリに追い込んで、そうしたらササを少しずつ
入れて、掬って」

* 前掲文献

A 46. 沖縄島・奥（昭和23年生まれの話者）

「タバコの葉もササとして使いました。タバコの栽培、勝手にするのは禁
じられていたが、じいさんたちは自分で吸う分を作っていたから。それを盗
んできて、ちぎって潮だまりで使った。他はタバコの吸い殻を拾ったり。こ
れはイヌジイという小さいタコを捕るため。泳いでいるのを見つけたら、そ
のまま捕れるんだが、穴に入ってしまったものを、タバコの葉で追い出して
捕る。これはクサバー（ベラ類）を捕るときの餌。魚釣りの餌をとる為の手
段なわけ。クサバー釣りは泳ぎながらするから、タコの足をちぎって、一本ず
つ口に入れておいて、これを口でちぎって餌にする。腹が減ったら、そのま
ま食べてしまったり。足場があったら、ナイフでエサを切れるけど、泳ぎな
がら釣るから、口の中にエサを入れてあるわけ。小さな子どもは、海に行っ
て、最初は貝を拾う。そのうち、先輩が知恵をつける。ルリハコベを使って
と。で。小さい子が遊んでいるうちに、自分らは深みに行く。あんたらはこ
こで遊べと言っておいて。海には女の人も一緒に行くけれど、年長の子ども
になったら、これができるというハードルが区切り、区切りにあった。それ
を超える時に喜びがある。5～6歳ぐらいまでがルリハコベを使う年齢。そ
れ以上になると、魚釣りの餌が自分でつけられるようになる」
「ヒク漁のとき、ヒクがイノーの中の石にひっついていたりすると、網で
掬えない。石の隙間に入ったりとか。そこで、イジュの皮の粉を入れて、攪

乱させる。そうして掬うわけ。イノーの中に入って藻を食べてしまったスクはクサカミと言って、これはもう塩漬けしても保存ができない。すぐに虫がわいたり、腐ったりしてしまう。クサカミがもっと大きくなったものは、エーヌクッと言う。ばあさんたちが夜に海にいって、これを捕ってきた。これは乾燥させてダシに使う」

　「個人で川でササを使うのは、ウナギがいるから。奥でも好きな人は個人で山によく行って、ウナギを捕っていた。そのおじいさんの孫が、僕の一期後輩で、彼はよく、じいさんに連れていかれたって」

＊ 前掲文献

A 47.　沖縄島・奥（昭和 23 年生まれ）

　「奥ではブレーザサと呼ばれる共同漁業が戦前から実施されていた。川で行われるブレーザサは戦後、1951 年と 55 年の二回行われているが、僕は最後のブレーザサである 55 年の 8 月に実施されたものに参加し、ターイユ（フナ）やミスー（ユゴイ）、ハーウナジ、タナガーなどを大量に捕った楽しい思い出がある」

　「旧暦の 6 月ごろになると大潮に合わせてヒクが大量にイノー近くに押し寄せてくる。そのため、このころになると、見張りを立てて、いざイノーにヒクの群れがやってきたとなると、それまで農作業をしていた人たちも、作業を放り出し、自宅に駆け付け、準備していた網やササを担いで、一目散にヒクを追いかけ海に入ることになる。大量に捕られたヒクは塩漬けしてヒクガラスにして保存し、残ったものは油揚げにしたり、マースニー（塩煮）にしたりして食べた。ヒクはユイムン（寄り物）として、その恵みに感謝していた」

＊ 盛口満・宮城邦昌　2017 『やんばる学入門』 木魂社

　「僕らが子どものときに使ったのは、青酸カリ。あと、タバコの葉でタコを捕るのはやったが、ルリハコベで魚を捕るのは聞いたことはあるけれど自分でやったことはない。デリスは青酸カリの木とも呼んでいた」

　「イジュの皮はササには必需品ですので、植林したところからはやたらにとれませんでしたので、自生したところから、各自メーキ（個人が目をかけ

たもの）しておき、必要な時に剥ぎ取っていたように思います。Sさんに確認したところ、"植林地は部落が許可した領域内からの剥ぎ取りが許される。また私有地については地主の了承を得て剥ぎ取っていた"と先輩たちから伺ったと回答がありました」

* 初出

A 48. 沖縄島・奥（昭和12年生まれの話者）

　「クロツグは奥では葉を縄にさして、魚を捕るときのおどしに使います。ササを入れるときに、これを使いよった。ササとしてイジュを使うのは大人だけです。子供は別です。子供が使うのは、野原の草のミンナグサ（ルリハコベ）です。あと、川で使うササは別です。川で使うのはテッポウタマギーです。石で葉を砕いて使います」

* 盛口満 2011「猪垣のあるムラ・奥の暮らし」蛯原一平ほか編『いくさ世をこえて　沖縄島・伊江島のくらし』ボーダーインク pp.7-20

　「イジュの皮をササに使いました。川ではウナギ。海では魚。魚毒ですね。人によっては、木が枯れてしまわないように、木の片一方だけから皮を剥ぎました。イジュの葉は、牛やヤギの好物です。毒物じゃありません。皮を臼でつくと、白い繊維がでてきます。皮を臼でついて作った粉をまくと、鰓にひっかかって仮死状態になる。つまり物理的な毒です。化学的な毒であれば牛もヤギも死にますよ。ブレーザサというのは、村全員で川にササを入れます。このときもイジュです。川を二つに分けて、それぞれ入札。捕れたものは人数で分けました。海のイノーも大きいところは村全員でササを入れて人数で分けてやりました。個人でもササがあります。奥はイノーに恵まれている。十何カ所あるので、3カ年に1回、それらのイノーを入札します。そのお金は区の会計に入れます。ササだけの権利なので、他の人がササを使わないで魚を捕ることはできる。自分はミンナグサと覚えているが、先輩方はワンクゥビーナと言っていた。これは小学校3年以下の子供が使う。夏場の海で、歩きやすいところで。イーバー（ハゼ）みたいなのが泳いでいる。子供でも、これがあったら、捕れるさ。遊びを含めたものです。デリスは戦後、一時しか使っていなかったですね」

* 初出

A 49. 沖縄島・奥 （昭和28年生まれの話者）

「イジュは鋸と鉈をもって、皮を採りに行って、採った皮は干しておくと、くるっと巻いてくる。これを臼でつく。粉は乾燥させておく。ササをするとき、使う分をビニールに入れて、小さいかごを持っていく。まずそこに砂を取って、粉ともんで団子をつくる。粉のまま水に投げても、みんな浮いてしまうから。団子をクムイに投げると、小さいのから上がってくる。苦しいから、ぐるぐるまわりだす。それを網で掬う。これはしたたかやったな。ルリハコベを使うのは知らない。青酸カリもしたたかやった。死んだ魚は眼鏡をかけて潜って捕って」

* 初出

A 50. 沖縄島・国頭村安田（昭和16年生まれの話者）

「（川でのササは）イジュの皮をむいて、これを使ってやりました。部落みんなで。川に流して魚を捕りよったですよ。部落のみんなでやりよったです。お盆のとき、海が荒れて、魚が捕れないときがあって、そんなときにやりました。いっぺんだけ、見たことがあります。小さいとき、港のあたりで泳いでいたら、今日はササをやるから水に入るなといわれて、それでやるのがわかったんです。このときは、たくさん魚が捕れよったですよ。大きなウナギとかも。ササは海ではやりません」

* 盛口満ほか 2021「国頭村・安田における動植物利用の記録」『地域研究』26:121-131

A 51. 沖縄島・東村平良（昭和3年、5年、8年、9年生まれの話者）

「イジュギを使いました。イジュの皮をつついて」

「デリスも使いました。これは具志堅のおじいが、押川から持ってきたものです。デリスは薬品にも使ったものですよ。これを川に流したんです。デリスは海でも使いよりました」

「デリスは戦前からありました」

「デリスは植えてありました」

「自分たちの時は、イジュの皮をつついて使いました」

「一番効くのがデリス。二番目がイジュ。あとは使っていません」

「個人個人でやっていました。2、3人が集まって。ササをやっていると、ほかの人も拾いにきたりはしましたが。自由にやっていましたよ」

＊盛口満編 2018『琉球列島の里山─記憶の記録─』沖縄大学地域研究所彙報 12 号

A 52. 沖縄島・東村慶佐次（昭和 22 年、24 年生まれの話者）

「部落全体で、デリスとイジュを使って、川に流しました。捕れた魚は部落で分配です。やったのは、4、5月頃じゃなかったかな」

「お盆や正月の前だったんじゃないかな」

「大人が川の上流からササをつついて流して。ちょうど干潮時だったかな。ササ流しの時には区から連絡があって。僕の手には、この時のケガの痕がありますよ。ウナギをつかもうとしたら、兄貴が鎌でウナギを切ろうとして誤って僕の指を切って。カンダバー（サツマイモの葉）と刻みタバコをまぜて、指に塗ってくくって。みんなそんな怪我をしていますよ。捕ったのは、ウナギ、それと川エビ。チクラ（ボラの幼魚）、あれはいっぱい。それとミチュー（ユゴイ）。これもいっぱい、いっぱい。ササを流して、捕れた魚は部落中に分配して、食べきれなかった分は干して調味料です。僕は 5 歳ぐらいからこうした記憶がありますよ。ルリハコベは使っていません。ここはデリスがいっぱいあったから。学校が管理した杉山があって、その下が部落の林です。ここから 6、7 キロ離れたところです。そこにデリスがありました。デリスに比べてイジュは手間がかかります。木から皮を取ってきて、つついて、瓶にいれて、一年ぐらい保存して発酵させて使いました。イジュは海でも使いました」

＊前掲文献

A 53. 沖縄島・東村有銘（昭和 7 年、23 年生まれの話者）

「昔はイジュの皮をむいて、これをたたいて流して魚を捕りました。あとはデリス。これは根っこです。デリスは海で使いました」

「デリスはたたくと、白い汁が出る。子供の頃にやった記憶はありますが、もう、どんな植物だったか、思い出せません」

「デリスは、土の中の根っこじゃないと、毒が効きません。昔はちょっと

ずつ、植わっていたから。農薬にも使えるしね。川でやるときは、4、5人、
好きな人が集まってやったです」

「有銘でも、集落全体でもやりましたよ」

「だいたい、旧の7月頃です。雨のあんまり降らない時期。干ばつの時に
やりましたよ。捕った魚は分配して」

「僕（昭和23年生まれ）が中学生ごろだったのが、最後かな」

「ルリハコベをササにしたというのは、知りません」

* 前掲文献

A 54. 沖縄島・名護市底仁屋（昭和18年生まれの話者）

「イジュとデリスを使ったことがあります。イジュを使うのは雨乞いを兼
ねてやりました。底仁屋は、明治4年に人が住み始めたところです。戦後ま
ではもとの天仁屋と同じ行政区になっていました。ですから、ササの使い方、
天仁屋と一緒です。雨乞いのときはササワインという言葉を使います。ササ
ワインというのは、どういう意味があるのかな……。わからないですね。そ
れ以外のときはササキジュンといいます。僕が中2か中3のとき、最後の雨
乞いがありました。うちの親父と兄貴と僕の3人で、近くの山のイジュの皮
を剥いでバーキに入れて、その皮を持って帰って、木の臼でつついて粉にし
て、これでやりました。粉をカゴに入れて、このカゴを川の上流で水に漬け
て、中を攪拌します。するとウナギやタナガーが捕れます。イノーでもやり
ました。ただし、イジュは労力が必要なんですよ。皮を剥いで、臼でついて
と。とても一人ではやりきれません。胸高直径30センチぐらいのイジュの
木から皮を剥がしますが、切り倒さず、ハシゴをかけて、鎌と刀で皮を剥が
します、うちにはセンと呼ばれる皮剥がしはありませんでしたから。イジュ
の皮は厚いので剥ぎやすいのですが、臼でつくのが大変です。臼でついてで
きた粉はイモを入れるカゴに入れて、そのカゴを8分目まで水に浸して、毒
を流します。やるときはふだん、洗濯や馬の水のみなどに川の水を使ってい
ますから、その川の水を利用している人に合図をします。その人たちもササ
を使うことがあるわけなので、みんな了解してくれます。特に馬は毒に弱い
と言われていたので、注意しなさいと触れ回りましたよ。ササワインは集落
全体では行いません。2、3軒で集まってやります。うちの場合は親戚4軒

でやっていました。僕は小学校のとき2回と中学校のときに1回、体験しています。そのあと、弟たちのときに、一度やっているはずです。もともとはイジュを使っていましたが、戦後、青酸カリが出回るようになります。そしてイジュによるササ入れはすたれていきます。青酸カリを使うようになったのは1950年代でしょうか」

　「ササキジュンは川ではウナギを捕る漁です。川で青酸カリを使ったら、大きなカゴ2杯、満杯ぐらいオオウナギが捕れたことがあります。ササを入れるとオオウナギが穴から出てくるので、これを鎌や鋸でひっかけて岸にあげるわけです。オオウナギは支流でも捕れました。それでもすごいんですよ。捕れたオオウナギの料理は味噌煮です。まず木灰でぬめりをとってから……。これはすごい御馳走です。家族だけでは食べきれないので、配るということはありませんでしたが、呼んで食べてもらう。猪とウナギはただで食べてもらうものでした。こうした川でのササ流しはほとんど男がやるものです。女性は海でタコとかアイゴ、魚を捕ります。海でササをやる場合はデリスです。デリスは何か所かに植えてありました。その根っこを掘って、それをもって出かけて、石でつついて、いそうなところで攪拌して魚を捕るわけです。これをやるのはほとんど女性でした。男性は海では素潜り漁をしましたから。女性は年輩のおばあたちまで、デリスを持って行ってやりました。これは昼の海です。大潮のときは、女性は100％近く、海に出るんですよ。食料確保のためです。スクを捕る時はササは使いません。スクは昔は真っ黒く見えるぐらい来ました。どこの家でもカメに入った塩漬けがあったものです。とにかく大量にやってきたので、ササを入れて弱らせるという状況じゃなかったと思います。ルリハコベはササには使いません。聞いたことがないですね。イジュ、デリスの他にはワジクを使います。ワジクというのはサンゴジュで、これは海で使います。枝ごととってきた葉をつぶします。じいさんが使っているのを、子どものときに見たことがあります。このあたりにはワジクは少ないので、たくさん生えている川沿いから採ってきて使っていましたよ」

　「海をダメにしたのは青酸カリです。デリスは、やられた魚も、潮が満ちてくると、また生き返ったりしますから。デリスは小学生も使いました。小1から一人でピシに行って釣りをします。釣れないときに、クムイでデリス

をつついて、魚を捕るわけです。デリスの根は大量には持って行かないものでした。子どもがデリスを使うのは、子どもが素潜りをしなかったからです。大人の男は、海では素潜りです。デリスは主がいました。取る時は、主にことわって持っていきました。ただ、持っていくのは、ちょっとだけです。主も、あげないということはありませんでした」

「カツオブシは貴重品でした。カタカシとかミーバイをカーカシー（燻製）にして、それをダシにしていました。風邪をひいたときに飲むものがカチューユーと言って、カツオブシにお湯をかけたものです。カツオブシは日常品ではなくて、薬用や疲労回復剤でした。昔は風をひいて食欲がないときカチューユーを飲んだものです。あと、イリコもありましたね。これはマチヤグヮーで売っているものです。子どもたちのおやつやお茶うけにもしました」

* 盛口満 2015「名護市底仁屋における植物利用の記録―島袋正敏さんのお話―」『地域研究』15：69-79

A 55. 沖縄島・名護市数久田（昭和6年生まれの話者）

「川ではイジュをまいて魚を捕りよった（ササを使う時期とかは決まっていない）」

* 盛口満ほか 2020「名護市・数久田における有用動植物の記録」『地域研究』25:157-167

A 56. 沖縄島・今帰仁村兼次（昭和3年生まれの話者）

「ササを入れました。一番はミジンサ（ルリハコベ）。これをたたいて、潮の引いたときに水たまりに入れて。ただし、木槌でたたくのが、難儀。合同して、大きな水たまりに入れてね。一人で持っていくのは量が知れているから。それと、効き目が強かったのは、デリス。これは隣部落に植えてあって、山の手の伊豆味にも植えてあって。くり舟があったから、リーフの中にデリスを流したわけさ。デリスを流すと、なんでも捕れよったよ。プカプカ浮いてきてね。これを流しザサと呼んだよ。潮にあわせて、リーフの内側に流してね。デリスはたたくと白い汁がでよったから、人には害がなかったですよ。田んぼでウナギを捕るのにもやったよ。田んぼの場合は、タバコ。芽を叩いて。田んぼの畔の穴の中にウナギが隠れているから。ちょっと泥で穴のまわりを囲って、ここに入れて。タバコは海ではあまり使わなかった。青酸カリ

は、専門の海人が、これを袋に入れて、穴の中に突っ込んで魚を捕っていた
よ。僕らは見るだけ。青酸カリをどこから持ってきたかしらないけれど。イ
ジュはあるけれど、使わんかったよ」

* 盛口満編 2018『琉球列島の里山―記憶の記録』沖縄大学地域研究所彙報 12 号

A 57. 沖縄島・本部町上本部（昭和 17 年生まれの話者）

　「インクブルーの花の草で、キビ畑とか、畑のカンダ（サツマイモの蔓）
の中に生えている雑草（ルリハコベのこと）は、普段は迷惑なものだけど、
これをつぶして、潮だまりに入れて魚をしびれさせて捕るわけ。ササ。これ
をやっていたのは、ほとんど、子どもたちです。取った魚は、干してダシに
したりしてね」

* 盛口満ほか 2019「上本部における有用植物の記録」『地域研究』24:127-134

A 58. 沖縄島・宜野座村漢那（＊山中にあった開拓集落・安仁堂）（昭和 7 年生まれの話者）

　「安仁堂の集落の中を川が流れていました。両脇の土手に木が生えていて、
その木が覆いかぶさっているような、それほど大きな川ではありません。そ
の川でよく捕れたのがガニ（モクズガニ）です。黒っぽい、ハサミのところ
に毛が生えているカニです。ガニディールと呼ぶカゴを編んで、夜、そのカ
ゴを川の中に仕掛けて、朝、見に行くと、一匹、二匹と入っているわけです。
安仁堂は山の中ですから、安仁堂ならではのカーイジャイというのがありま
す。川のイザリです。夜、枯れ竹で作った松明をたいて、どこの川と決めて、
下流の方から上流の方へと上るのです。こうして食べ物を得るわけです。私
はまだ小さかったですが、大人について行ったことがあります。イザリの対
象のひとつにワクビチ（ホルストガエル）がありました。これは好物でした
よ。また、大人たちがササといって、ササギ（イジュ）の皮を剥いでつつい
て粉にしてから、夜になって川の上流から流して魚を捕ることもありました。
このときは魚もいるだけ浮いてきます。私自身はやったことはありませんが、
大人たちがササを流した翌朝に、魚を拾いに行ったことはあります」

* 盛口満 2011「基地の中の村アニンドーの思い出」蛎原一平ほか編『いくさ世をこえて
　　沖縄島・伊江島のくらし』ボーダーインク pp.35-50

A 59. 沖縄島・読谷村古堅（昭和3年、27年生まれの話者）

「潮が引いたとき、ルリハコベを運んで、石でつぶして入れると、潮だまりが緑色になるんです。しばらくして、魚が浮いてくる。浜に行く途中の畑でルリハコベを摘んで」

「ササに使うのは、茎の太いウフミンナーと呼ぶ物です。葉っぱの細かい方のミンナーはヤギの餌にしました。ササには木の葉も使ったといいます。ハンダマグヮーギー（サンゴジュ）という木で、実は空気鉄砲の弾にしました」

* 盛口満ほか 2020「読谷村・古堅の動植物利用」『沖縄大学人文学部紀要』23:55-63

A 60. うるま市・照間

「子どもの頃なので、ちゃんと認識できていなかったけれど、たしか、ハゼの木の枝をとってきて、叩いてササにした。かぶれる人とかぶれない人がいるが、叩くとき、ハゼの木の汁やかけらを体に浴びた。潮が引いた後にできる潮だまりのようなところでササを使った。それとは別に、爆弾の落ちた穴で、バクダングムイと呼ばれたところが3つ、4つあって、そこで泳いだりもした」

* 初出

A 61. 沖縄島・沖縄市知花（昭和19年生まれの話者）

「ササには、サンタマ（サンゴジュ）を使ったと思います。サンタマは畑の土手とかに普通に生えていましたよ。この実を竹で作った鉄砲の弾にして、遊んだりもしましたよ」

* 盛口満 2011「知花に田んぼがあった頃」蛯原一平ほか編『いくさ世をこえて　沖縄島・伊江島のくらし』ボーダーインク pp.51-65

A 62. 沖縄島・浦添市港川（昭和17年生まれの話者）

「潮だまりでミンナグサ（ルリハコベ）と呼ばれる草を使って魚を捕った。これはだいたい、子どもの遊びです。たぶん、もっと昔は大人たちもやっていたというのがあるんでしょうが、昔の人達の知恵が伝わったものです。子どもの遊びと言っても、自分たちだけじゃ、そんなやり方わかりません。ミ

ンナは、そこらへんにいっぱい生えていました。これで魚を仮死状態にしたんです。昔は貧乏でしたから、おやつがあるわけではありません。海で遊んでお腹が減ったら、獲物を捕って、貝を採って、カニを捕って……と。ミンナで魚を浮かして食べたりとか。ただ、ミンナは、そんなに広い面積には使えません。潮だまりみたいなところでないと、効きません。いっぱい使っても、捕れる量はたかだが知れていたと思います」

* 盛口満ほか 2017「浦添市・港川における聞き書きの記録—環境教育の教材開発に向けて—」『こども文化学科紀要』4:109-116

A 63. 沖縄島・南城市仲村渠（昭和9年生まれの話者）

「ガーガーギ（リュウキュウガキ）の実は、魚を捕る毒に使いました。実のことをナイといいますが、ガーガーギのナイをもいで、くだいて水にとかして田んぼに流すんです。ウナギ捕るのにやりよったですよ。棚田ですから、上の田んぼから流します。地中に水の通る穴——アブといいますが——そこに流して捕るんです。海の場合は遠浅で、壺みたいに水のたまったところで、そこにカマスに詰めてそそぐわけです。毒が広がって、岩陰から魚が出てきます。これは生活の手段の一つです。ただ少し欲が深いですね。毒を使って捕った魚を売ったりするわけですから。やる人はザラにはいませんでしたよ。私もやり方はわかっていたけど、やらない。うちの親父がやってたのを見たのも一度だけです」

* 盛口満 2009「南城市仲村渠・旧玉城村の稲作とくらし」当山昌直ほか編『野山がコンビニ沖縄島のくらし』ボーダーインク pp.71-102

屋我地島

A 64. 屋我地島・済井出（昭和27年生まれの話者）

「うちのシマでは、私はやった覚えはありませんが、イジュを使ったということです。それとは別に、数年にいっぺん、川を干して魚を捕ったということがあります。とんでもない大きさのオオウナギとか捕れました。川を堰き止めて、水をかい出して、捕れた魚をわけて合同で炊いて食べたり」

* 盛口満編 2018『琉球列島の里山—記録の記憶—』沖縄大学地域研究所彙報12号

リュキュウガキ

実を魚毒にする。低島的
環境の島や集落で使用さ
れることが多い

15mm

伊平屋島

A 65.　伊平屋島・田名（昭和 22 年生まれの話者）

　「ミンナグサです。やったのは、イノーの中でも、囲まれたようになって
いる場所です。そうしたところで、草をつついて、水にも浸みこませると、
魚がぷかぷかと浮き上がってきました。大人もやるし、子供もやるし。僕ら
は大人のまねをしてやりましたし。ダイナマイトも、小学生のときに、隣の
おじさんのまねをしてやりました。ミンナグサは豊富にありました。これは、
ヤギもあんまり食べないから。ミンナグサを使って魚を捕ることをササを入
れるといっていました。ササ入れで捕った小魚も食糧になりました。子供の
頃、母がツバキから油をとっていました。冬に。殻をとって蒸してつぶして。
食用ではなくて、髪につける油にしていたと思います。搾り粕をササにした
というのは聞いたことがありません」

* 盛口満編 2018『琉球列島の里山―記憶の記録―』沖縄大学地域研究所彙報 12 号

A 66. 伊平屋島・島尻（昭和 19 年生まれの話者）

　「昔はね、普通の追い込み漁じゃなくて、縄に藁を差し込んだものをみんなでもって、それで魚を囲んで網に追い込みするチナーという漁をやったわけ。縄はロープでもいいわけさ。昔は縄も編んで。この漁、今はやっていないよ。縄のことをチナーというから、この漁もチナー。私も二回ぐらい経験したんだけど、魚が結構捕れました。この漁、今は経験したことのある人は少ないはず。我々の時代まではやっていたものです。やるのは、お盆とか、行事の前です。（魚毒漁は）うちらもちょっとやりました。小さい水たまりに入れると、酔っぱらって、魚が浮いてくる。使った草は、ミンナ。これをやると、穴に隠れていた魚がでてくる。タニシは食べました。今はひとつもいないです。薬品にやられてしまって。昔はウナギも相当、田んぼにおったよ。手で捕まえたよ。（捕まえるのには）コツがあるよ」

* 前掲文献

久米島

A 67. 久米島・仲地（昭和 21 年生まれの話者）

　「ここで使っていたのはサンゴジュです。葉っぱが大きいので、効率がいい。子どもがやるときはミンナ（ルリハコベ）です。それと、我々は使わなかったけれど、トベラも使ったと言います。それとデリスですね。これは毒性が強いので、海で使いました。サンゴジュは川でウナギとかフナを捕るのに使いました。ササを使うようになる前の幼い子どもは、田んぼのタマリを濁して、魚を捕りました。ばちゃばちゃすると、フナとか捕れるんです。それからササを使うようになります。魚の大きさによって、ササの強弱を変えます。海は広いから、毒性の強いやつを使わないといけません。リュウキュウガキはクロボーといいますが、これは毒が強すぎて使っていません。トイレのウジを殺すのに使いました。それと、田んぼの畔にカニが穴をあけますが、その穴の中にいれたりもしました。時期になるとミンナはどこにでも生えていたので、これは集めやすいんです。ミンナは集めやすいし、扱いやすい。デリスは子どもではなくて、大人が使います。ここではデレースと言います。潮だまりで使ったり、そうでないときは、浅瀬を石で遮って使いまし

た。割と広いところでもできたんです。ここではイジュはササに使っていない
んです。イジュはあるところにはあるんですが、植えられたのかもしれま
せん。あと、仲地ではなくて宇栄城では、ツバキの実を搾った粕を使ったそ
うです。海で使ったといいます。ということは毒が強いんですね」
* 盛口満 2015「魚毒植物を中心とした久米島における植物利用の記録」『こども文化学科
　紀要』2:43-53

A 68.　久米島・真謝（昭和18年生まれの話者）
　「カタシ（ヤブツバキ）の実を山に採りに行って、油を搾って。カタシの実は、
大きな木を重ねて、そこにはさんで油を搾った。一度、カタシの実を蒸して
から、チクヌカー（クロツグの皮）に包んで。この油は食用油でアンダギー
とか作った。油を搾った粕を海にまいて魚を捕ったよ。ミンナもつついて、
これでもやった。ミンナには2種類あった。サクミンナ（ルリハコベ）はヤ
ギがよく食いよった。ムチミンナ（ヤエムグラ）はヤギがあまり食わない」
* 前掲文献

A 69.　久米島・奥武島（昭和33年生まれの話者）
　「この島は漁師の島。糸満流れ。人が住み始めたのは明治時代からじゃな
いかな。もともと、一番お金になったのは貝。魚の保存とかが難しかったか
ら。僕が子どものころは、まだ貝蔵あったよ。タカセガイとかヤコウガイと
かを入れておく。タカセガイは方言でソームンという。本物という意味だよ。
ササみたいに効率の悪いものはやらんさ。小魚しか捕れない」
* 前掲文献

A 70.　久米島・宇栄城（昭和2年生まれの話者）
　「昔の人は魚を捕るのに、ミンナを使っていました。これはやったことも
あります。ササギ（サンゴジュ）はウナギを捕るのにやったと聞いたことは
あるが。葉っぱをすって流してよ。これは海では使わない。海の魚を捕るの
には、青酸カリを警察に隠れてやったということもありました。あと、カタ
シの油粕を使ったと聞いている。よくわからんが、油は食用だが、粕を使う
と話に聞いたことがある。それと、デリス。これは使ったことはないけれど、

あれも最近まで植えておった。宇栄城ではあまりササは使わない。隣部落の比屋定の方が知っているはず。こっちはあまり海にはいかなかったから」

* 前掲文献

伊良部島

A 71. 伊良部島・佐和田（昭和17年生まれの話者）

「オコミズフサ（ハマボッス）、ミズフサ（ルリハコベ）を使った。ミズフサのほうが魚がよく酔った。それでもそんなに強い毒ではないので、水たまりで使った。水が流れているところだと効かない。石灰も使った。海のそばで石灰を作っているところがあった。主が石灰を作った後、残っているものを取って、流すと草の何十倍も強い効き目があった。リュウキュウガキは使ったことはない」

「子どもの頃、鍛冶屋で使う青酸カリを買ってきて魚を捕った。丸い粒で売っていたのを割って、布で包む。これはすぐに効く。鍛冶屋では鉄を固めるために、青酸カリが必要だった。海に大きな岩があって、その岩の影の穴のところに魚がいるのが見える。でも潜ってみると、息が続く限り探してみても、わからなくなる。それで青酸カリを買ってきて、布に包んでモリの先にしばって、海の中に入って行って、穴の中にモリを入れて2、3分すると、魚がプカプカして出てくる。ハタのように口の大きい魚は最後に出てくるんだよ。アイゴは入れるとすぐに出てくる。ただ、青酸カリはサンゴも殺してしまう。青酸カリで捕った魚を食べても大丈夫。子どもの頃は、魚を捕っていて途中で足りなくなると、海の中で粒をかんで割ったりもしていたから。口はゆすぐけど。子どもだからできたのかもしれないが。人を殺すのに使うようなものだなんて、知らなかったから。昔は、枝サンゴが2メートルぐらいもあって、その中に魚がいっぱいいた。干潮になると、船を出すこともできない。船を出す所だけサンゴを割ったりしていた」

* 盛口満 2016「伊良部島の有用動植物の記録」『地域研究』18:133-166

池間島

A 72. 池間島（昭和31年生まれの話者）

「魚を捕るのに使った草の名前はわからないなあ。ズガマスナスフサ（小

魚を殺す草の意味）とかかなあ。葉っぱが細かった気がする。花は黄色。つぶして液体をツボに入れた。すると魚がしびれてぴくぴくして。お腹を上にして……とか。ただ、入れる量が少ないと、さわると逃げるけど。それと、ナマコを採ってきて、ツボでさばいて、内臓をツボに入れたら、同じようになるよ。アカヅツと呼んでいる、クリイロナマコ。これは、偶然発見した。何十本もナマコを採ってきて、小さいツボでさばいていたら、そうなった。魚を酔わす草は海岸で集めていたよ。直立したかんじの草だった。サニツ（旧暦3月3日に行われる浜下りの行事のこと）のころに使ったという記憶があるけれど。もし見つけたら教えようねえ（後日、示されたのはシナガワハギだった）」

* 盛口満ほか 2015「魚毒植物を中心とした池間島における植物利用の記録」『地域研究』
　16:191-206

A 73．池間島（昭和7年生まれの話者）

　「（草をつついて魚を捕ったことも）あった。ツボに入れてね、小さい魚を捕って。子どものとき、泳ぎに行った時の楽しみだったよ。草の名前はなんていったかね。あんまり上には伸びない草で、紫の花が咲いているよ（ルリハコベのこと）」

* 前掲文献

A 74．（昭和17年生まれの話者）

　「魚を捕るのに使っていたのは、この草（ルリハコベ）だよ。この草をつぶして、車2台ぐらいの大きさのツボでやったよ。この草の名前はわからない。昔は知っておったけど、忘れた。ズガマビューヤスフサ（小魚を酔わす草）とかかな。使っていたのは、この青い草で間違いがない。捕った魚は食べていたよ。黄色い花の草は使っていない」

* 前掲文献

A 75．池間島（昭和8年生まれの話者）

　「魚だけでなく、タコも酔っぱらうよ。子どもたちは草をすって使っていた。年を取った連中は草を臼でつついて粉にして、袋に入れて、リーフまで持っ

て行って、入れて使った。水が青くなるまで入れたら効くよ。昔の年寄りは、
そう、やっていたよ」

* 前掲文献

A 76. 池間島（昭和 8 年生まれの話者）

　「子どもの頃、この目の前の海に、タカマ（ミナミトビハゼ）というハゼ
みたいな魚がいっぱいいてね。穴の中に入るから、穴の中に草をつぶしたも
のを入れると、出てくるから、そうして遊んだよ。食べないよ。遊びだよ」

* 前掲文献

A 77. 池間島（大正 15 年生まれの話者）

　「使う草はどんな草でもいいよ。小さい草もあるし、大きい草もある。鎌
で切ってきて、棒でたたいて、あれで弱らして捕ったよ。子どもの遊び。小
さいツボの中に魚がいたら、石で草をつついたり、岩の上でといだりして、
それを入れて、すると魚が酔っぱらって出てくる。高い草はサンダキといっ
て、自分の体についてもかゆくなるよ。この草（ルリハコベ）は、いっぱい
採ってきたら、魚を酔わせる。青い汁が出て」

* 前掲文献

来間島

A 78. 栗間島（昭和 26 年生まれの話者）

　「ズヴューフサ（ルリハコベ）を使うよというのは聞いていましたね。こ
れは大人がやったんじゃないですか。このあと、青酸カリを使ったという話
も聞きましたね。そのあとは洗剤を使って。爆弾を使って魚を捕ったことも
あります。うちの親父も使っていました。そうしたことをやらないと食べて
いけなかったのかなと思ったりします。親父は庭で不発弾から取り出した火
薬を干していましたよ。親父と一緒に漁に行ったこともあります」

* 盛口満編 2018『琉球列島の里山―記憶の記録―』沖縄大学地域研究所彙報 12 号

多良間島

A 79. 多良間島（昭和 23 年生まれの話者二人）

「多良間ではミズフサ（ルリハコベ）位しか覚えていません。宮古では
リュウキュウガキを使いますが」

「これは子供がやるもので、一種の遊びです」

「昔は魚を捕るのに、青酸カリを使う人もいましたね」

「あとダイナマイトもね。ドーンと音がするから、"ああ、またダイナマイ
トをやっているな"と思ったものです」

「お祝いするときに魚が必要ですが、網を使って捕るのと、ダイナマイト
を使って捕るのとがありました。青酸カリを使う場合は大きな潮だまりで
やって」

「お盆の中日は必ず魚捕りでした。僕らは網を使っていましたが。お盆の
時に魚を捕らないと、供えられませんから」

＊盛口満編 2018『琉球列島の里山―記憶の記録―』沖縄大学地域研究所彙報 12 号

A 80.　多良間島（昭和 18 年生まれの話者）

「ミズクサ。あれは、子供の遊びでした。潮だまりに行って、目に見える
あの魚が欲しいな……というときに、石でたたいてつぶして入れて」

＊前掲文献

A 81.　多良間島（昭和 30 年生まれの話者）

「子供の遊びですね。赤いつる状の草をつぶしてやっていました。海岸に
生えているものですよ。あれで、魚を囲ったりもしました。こういうのをし
たのは、年少のころです。ちっと泳ぎがうまくなると沖に泳ぎに行くように
なりますから。小1のときから、ムッツベというトントンミーみたいな魚を
捕りにいきました。これは小さいですがおいしい魚です」

（＊海岸に生える赤いつる草といえば、クスノキ科のスナヅルを指すのでは
と思えるが、スナヅルを魚毒として使う例はほかで見当たらず、話者の指す
植物は不明としておく）

＊前掲文献

石垣島

A 82.　石垣島・登野城（昭和 9 年生まれの話者）

「サンショウ（ヒレザンショウ）は魚を捕るのにも使いました。サンショウは本土ではすり鉢のすりこ木に使ったりしますね。石垣では昔、サンショウの葉は、懐石料理の刺身に必ず載せました。今はもう見ないですね。開発されて木がなくなってしまった。海岸に生えていましたが。魚を捕るときは、葉っぱを汁にして、潮だまりに入れました」

　「ガーナ（リュウキュウガキ）はササにしました。つついて川に流して、翌日行ったら、毒にやられて魚がいっぱいでているわけ」

*盛口満編 2018『琉球列島の里山―記憶の記録―』沖縄大学地域研究所彙報 12 号

A 83. 石垣島・白保（昭和 10 年代生まれの話者）

　「イジョウ（モッコク）の皮を臼でついて流しました。イジョウの木といっても、今の白保の人は知らないかもしれない。轟川は白保の川です。雨乞いのときに、村総動員で、轟川に毒を流します。前日には、カタフタという山に行って火を燃やします。空港の西側、今は全部木が生えていますが、当時ははげ山が多くてカタフタ山にだけ木が生えていました。そのてっぺんに上がって、周囲から枯れ木を集めて、その上に生木を切って載せます。枯れたところに火をつけると、生木も燃えますが、生木なので煙をよけいにだします。これが雨乞いの行事なんです。全員はカタフタ山にはいかなくて、残りの人はイジョウの木を採りに行きます。この木は、北の大里以北の山の頂上付近にしか生えない木で、下の方にはありません。木を切って、皮を剥いて、籾を入れる麻袋に入れて、各自担げるだけ担いで山を下ります。その晩、採ってきた皮を手分けして臼でついて、できた粉を翌日轟川に持って行って流します。すると、ウナギやエビや魚が捕れるんです。こうして川を濁らすと雨が降ると……。宗教的というか、半分はレクレーションというか。干ばつだと、仕事ができませんから。ケーシダーも硬くなって耕せないし、畑も耕すのは大変。幸い、川の水は半分や三分の一になっているから、毒の効き目も高いと。村中で出て、魚を捕ります。魚は捕った人のもの。子どもから大人まで行って。子どもの頃、いつも干ばつすればいいのにと思っていたぐらいです。普段なら見つけても捕れないエビがパチパチと岸に上がってきたりします。最後の雨乞いは、僕たちの中学生時分かな。昭和 24、5 年ごろじゃないかな。雨乞いするほどの干ばつは 4、5 年に一回。だから僕は 3 回ぐらい、経験し

たかな。最後から2番目の時、うちのいとこの兄が、海で使う網を深いところに張って、すると逃げて行こうとするものが網にひっかかって、上のほうに出てくるのを捕っていた。竹竿の長いものの先に大きな釣り針をつけて、それで大きなウナギをひっかけてとっていたのを見ていました。それからもう一度雨乞いがあって、僕が同じしかけを作ってみようとしたら、あんな大きな釣り針は売っていなくて」

* 石垣島白保における環境保全および地域社会維持に関する共同研究班・盛口ゼミ『石垣島白保における環境学習の実践・暮らしと文化の調査についての5年間のとりくみ（2011年度—2015年度）』沖縄大学地域研究所

A 84. 石垣島・川平（昭和6年生まれの話者）

「デリスを使う人はそんなにいなかったですよ。魚はそこらで捕れましたから。ウナギは夜、タイマツをつけていけばたいてい捕れました。田んぼにいっぱいいましたから。でも冷蔵庫のない時代ですから、必要な分しか捕りませんでした。子供のお祝いや、結婚式とかには人を雇ったりして捕ることもありましたが。いけば20本、30本、捕れたものですよ。ウナギを捕るのは鋸です。鎌とか鉈は、水に入れると、刃が横にピッとそれてしまいます。ところが鋸は水に入れてもまっすぐなんです。鋸は薪を切らんといかんから、どこの家にもありますよね。それが古くなったらウナギ捕りに使います。ウナギは減りましたね。田んぼの水を落とすようになったことと、農薬のせいです。サイナーという小さなエビもたくさんいて、これもおいしいものでした。今頃なら、ラッキョウとサイナーを混ぜて食べると最高でした。ターンナは2、3月ごろのものが最高のご馳走です。ちょうど田んぼ仕事するころですし、ターンナにも太る時期とやせる時期があるんでしょうね。あれはおいしかったですね。ターイユもいっぱいいました。こうしたものがいろいろいるので、田んぼにお芋をもっていけば、仕事をはじめて水がにごる前にパッパッと捕っておいて、お昼に炊いておかずにしよう……とできたんです」

* 盛口満 2010「石垣市川平・数少ない稲作地」安渓遊地ほか編『田んぼの恵み八重山のくらし』ボーダーインク pp.99-109

西表島

A 85. 西表島・干立（大正 14 年生まれの話者）

「（デリスの）根っこを引き抜いて、石の上で金づちでたたくんだよ。そうすると、ミルクみたいな汁がでる。その汁を川にながすでしょ。魚が頭を上にしてフラフラ浮いてくるから、それを捕るんだよ」

　川ではウナギ、マングローブの水たまりではボラの幼魚が捕れたという。海で使う場合には、汁をビンの中に入れておき、魚が隠れている穴に流し込み、出てきたところを銛で突く。

* 盛口満 2004『西表島の巨大なマメと不思議な歌』どうぶつ社

波照間島

A 86. 波照間島（大正 15 年生まれの話者）

「ウナギもおりました。下田原の湿田のあたりに、泉から流れ出す小さな川があって、そのあたりにいました。燐鉱会社があったころ、会社の人が青酸カリを流したらいっぱい捕れたということがありました。オオウナギもいたということですよ。フナはいませんでしたが、ずっと後で、池を作ってフナを放したということはありました。魚毒にはキツネノヒマゴを使いました。これは魚を酔わせるということでユベースフサと言います。シイノキカズラも魚毒に使いましたよ。上等です。シイノキカズラはキノーと言います」

* 盛口満 2010「波照間島・天水田と畑」安渓遊地ほか編『田んぼの恵み　八重山のくらし』
　ボーダーインク pp.43-72

5章
魚毒に関する文献紹介

1〜3章内で紹介できなかった文献情報について紹介する。

奄美大島

「オナガ（ウナギ）を捕るのに、サンショウを用いる。サンショチキという」

＊改訂名瀬市誌編纂委員会編 1996『改訂名瀬市誌　3巻　民俗編』名瀬市役所

旧龍郷町嘉渡集落では以下のような魚毒漁が行われていたという。

「川の水がなくなる8、9月のころ、7、8名の大人たちがサンショウの木を束にしたものを川で交代しながら棒でたたき、川魚を捕ることをサンショウヒキといった」

サンショウを使うと、そこから150ｍ下流まで、魚がふらふらと浮き上がってきたという。

「大人たちは長く一か所でサンショウの木をたたくと全滅させるおそれがあるので、200ｍくらい川下に移る。これを枕替えという。枕替えをした後は、だれが捕っても差し仕えがないので、子どもたちは待ちくたびれたように、われ先にと川に入り小魚を捕まえるものだった」

こうした魚毒漁は、重労働だったが、仲間たちとの娯楽であったと解説がなされている。

＊龍郷町誌民俗編編さん委員会編 1988『龍郷町誌　民俗編』龍郷町

沖永良部島

「ミジクサ漁」として魚毒漁が紹介されている。魚毒はササを入れるという。畑のミジクサ（ルリハコベ）を礁湖にはこび、砂をまぜて石でつき、魚を酔わす。ほかにイジュの木の皮、デリス、ギンギチ木（ゲッキツ）の葉も利用

する。一人あるいは家族で行うが、年に一度は、字ぐるみでミジクサをもちより、広いイノーで行うこともあった。捕れた魚は平等に山分けをする。網切りといって、満潮時に魚が瀬に上がるのを見定め、退路を遮断し、引き潮に一か所のハダマ（礁湖）に追い込み、ササを入れることもある。ササ入れすると死んだ魚を食べにハマジが来るのでエサをつけておくと大物が釣れた。川のササ入れには、イニシ木（サンゴジュ）、サンショウ、ミイクラ木などを用い、川のウナギを捕る。

* 和泊町史編集委員会 1974『和泊町史　民俗』和泊町教育委員会

　後蘭の字誌には、「川や海での魚捕りも楽しみだった。川では流れの緩やかな時、水を堰き止めてからミークラニギを 5 センチくらいに切り刻んで入れて、出てくる乳液で魚を酔わせて浮き上がった魚をすくい取った」とある。

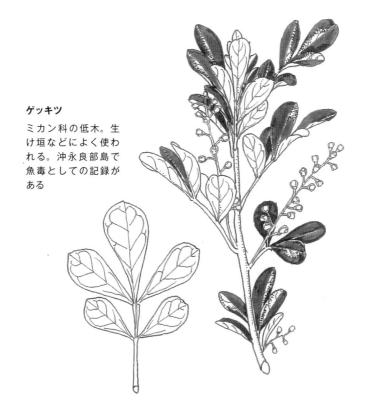

ゲッキツ
ミカン科の低木。生け垣などによく使われる。沖永良部島で魚毒としての記録がある

文中、ミークラニギとはフクロギのこと。

＊後蘭字誌編纂委員会 2008『後蘭字誌』後蘭字誌編纂委員会

与論島

「魚毒：イワタイゲキ、トウダイグサ、ルリハコベ、イヌタデを石でたたき、その汁を魚をとる毒として利用していた。フクロギも使用されていたと聞く」

また、フクロギの方言名は、ウニンギ、ウンニギと言うとある。

＊与論町誌編集委員会編 1988『与論町誌』与論町教育委員会

沖縄島

（名護市）

「夏になると日照りが続き、農作物にも被害が及ぶことがしばしばあった。雨をもたらしてくれる台風を待ち望むが、来ないといよいよ深刻になる。そんな時、雨乞いするためにイジュの厚い樹皮を剥ぎ木臼で細かく砕いてバーキに入れて、川の淵の深みなどに投入してオオウナギを獲った。海ではヒシ（リーフ）のクムイなどに投入して、ふらふらと出てきた魚やタコを捕った。時にこのイジュの樹皮を使ったササの作業は家族総動員だった。適当なイジュの木を探し、樹皮を鎌や山なたで大量に剥ぐ。それを臼で突き、いくつものバーキに入れて、投入する川の現場まで運ぶのである。そのきつい一連の仕事から家族総出で取りかかることになる。雨乞いの意味もあるが、一方では久しぶりのご馳走の確保を期待して子供たちも喜んで参加した。（中略）このように魚毒を使って魚などを獲ることをササキジュンあるいはササワインという。所定のところで投入してしばらくすると、まずオオウナギが穴から急に飛び出してくる。それを銛で突いたり、鎌でひっかけて捕る。1950年代までンムバーキいっぱいも捕れた。（中略）捕ったウナギは、木灰でぬめりをとり、内臓を取り除く。あとはぶつ切りにして味噌煮にして食べる。（中略）ササを入れる場合は、あらかじめその川の水を飲料水などに日常使う家庭には連絡して、事故のないようにした」

＊なお、ササワイン、ササキジュンについての記述は、4章、底仁屋の聞き取りの話者の話と同内容である。

＊名護市史編さん委員会 2001『名護市史　本編9　民俗Ⅱ　自然の文化誌』名護市役所

伊平屋島

「（ササは）内海の岩の中の池（ウルグムイという）に投げ込み魚が毒によって出て来たところを叉手網ですくうのである。モッコクやイジュの木の皮を搗いて汁を出したり、ツバキの油粕を用いたりした」

* 上江洲均 1986『伊平屋島民俗散歩』ひるぎ社

久高島

「かつては（中略）魚藤（アコウの実などをすりつぶして作った）の使用、また終戦後の一時期にはダイナマイトの使用などが行われたということであるが、現在では全く行われていない」

＊なお、ここで魚藤とあるのは、魚毒の意味として使用している。なお、アコウの実とあるのは誤認であろう。実を魚毒として利用したということから、リュウキュウガキを使用したものと考えられる。

* 寺嶋秀明 1977「久高島の漁撈活動―沖縄諸島の一沿岸漁村における生態人類学的研究 ―」伊谷純一郎ほか編『人類の自然誌』雄山閣出版 pp.167-239

伊計島

「ササクサと呼ばれるトウダイグサ（Euphhorbia helioscopia、トウダイグサ科）の葉が魚毒として使われてきた。畑にも生えているが、野生種である。この葉を石うすでついたものは学校の運動場くらい広いスペースにいるクムイ（潮だまり：tide pool）の魚を殺せるほどの毒性があるという。（中略）主に夏場に行われる漁法であった。一人でも行えるが、網を使う場合には3〜4人で行う」

* 武田淳 1990「伊計島の漁撈：変容と生態学的背景」『沖縄民俗研究』10:17-36

久米島

女子供や年寄りはササ入れをして小魚をとったとある。

「山のあるササ木（サンゴジュ）やフックビ（ナンキンハゼ）の葉、あるいはヤマカーガー（ウガンクルボー＝琉球柿）の実がササになることは、これらの植物が人畜に有毒であることから、たやすく発見し得たかも知れな

ナンキンハゼ
久米島で魚毒植物として
使われた記録がある

い。ミンナ（ルリハコベ）やトベラ（リュウキュウトベラ）は山羊の好物で
あるのに、それが魚類に有毒であることをどうして知ったか。カタシ（ツバ
キ）やクカシ（サザンカ）の実の油は髪油としてだけでなく、食油としても
重宝がったのに、その搾り糟がササに使えることや、イジュノ木がそのオガ
屑まで魚に有害であることをどうして知るようになったか」
* 仲原善秀 1990『久米島の歴史と民俗』第一書房

　使われた魚毒植物名として、ルリハコベ、ヤエムグラ、ハマボッス、タバ
コ、シイノキカズラ、イルカンダ、デリス、リュウキュウガキの名があげら
れている。
* 仲里村役場企画課 2000『海物語―海名人の話』仲里村

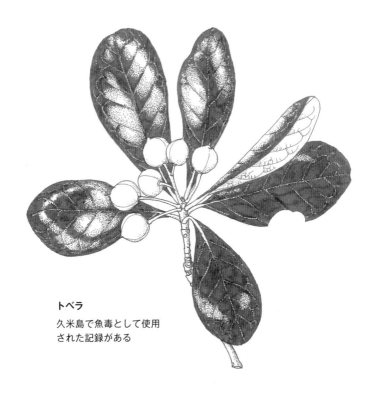

トベラ
久米島で魚毒として使用
された記録がある

　「変わった用法としてはカタシー（ヤブツバキ）とクカシー（サザンカ）
の実から油を搾ったあとのしぼりかすがある。ただし、他種と同じような毒
性はもたず、海中に散ったしぼりかすの粒子が魚のエラにつまってこれをふ
さいだり、何らかの刺激を与えたりすることによって魚の泳ぐ力がうばわれ
るのであろうといわれる」
　「具志川村では『タリ』と呼ばれる魚毒植物が用いられたということを聞
いたが和名を確かめられていない」
＊ 長沢利明 1982「久米島東部の魚垣」『西郊民俗』101:7-13

宮古島

　魚毒に使われるのは、ミズフサ（伊良部、久松）、イズゥターバスフサ（大
神島）と呼ばれる草である。ミズフサというのは海で使う草の意味。イズゥ

50mm

イルカンダ（ウジルカンダ）
久米島で魚毒として使われ
た記録がある

ターバルスフサは、魚を酔っぱらわす草の意味である。

　「久松のKさんはミズフサには2種類あるとルリハコベ、ヤエムグラを示した。Kさんは漁師でもあるが、自分は使ったことはないが話には聞いたことがある、以前に使っていたのではないか、どっちを使っていたかは分からない、などと話していた」

　「"ミズフサを砕いて青い（実際は緑色）汁を出しそれを魚のいるところに流すと魚は見たこともない青い液体に驚き恐怖の余りフラフラと動きが鈍くなる。結局、簡単に柄つきの網ですくい取られる"というのである。使っている本人たちは魚毒作用については知らないものと思われる」

* 川上勲 2009「宮古の植物方言名について」『宮古島市総合博物館紀要』13：87-96

西表島

　「西表で『ウミチャン』と呼ぶ、頭の大きさが親指の先ぐらいの小型のタコがいる。このタコの穴にタバコやルリハコベを押し込んで飛び出してくる所を獲った。タコの仲間は強い魚毒にあうと青黒く変色してしまうので、比較的弱い魚毒を使った」

* 安渓遊地 1982「毒で魚を採る―魚毒の話―」『アニマ』117:58-59

石垣島

　石垣島では魚毒漁は、イズベーシィ（ササ入り）という。

　「殺されるのは珊瑚礁上に棲む小魚であるから、之を小刻みにして鹽辛にするのが主目的である。この『ササ入れ』の最もよいシーズンは、秋の冴えた月夜の晩である。二三十人の乙女や婦人の團體が干潮時を待つまで白砂の上に圓座したり、或は雑魚寝したりして南國特有の甲高い聲で直線美タップリな民謡を唄ひ、其コーラスは澄みきったる秋空の空氣を振はして、餘韻嫋々として遠い所まで聞えてくる光景は、八重山でなければ見ることの出来ない風物であったが、今は廃れてしまった」

＊「最近は文化の賜として青酸加里の劇藥を持ちひて」と言う一文もみられる。

* 喜舎場永珣 1989「八重山に於ける舊来の漁業」比嘉春潮ほか編『島 下』名著出版

黒島

　魚毒としてキツネノヒマゴを使用。潮だまりでカエルウオの仲間を捕る。

* 篠原徹 1990『自然と民俗』日本エディタースクール出版部

鳩間島

　魚毒として使われるのはルリハコベ（イズベジッスサ）という記述がある。

* 山田孝子 1977「鳩間島における民族植物学的研究」伊谷純一郎ほか編『人類の自然誌』
　雄山閣出版 pp.241-300

波照間島

　魚毒植物として、キツネノヒマゴ、キツネノマゴ、デリスの名があげられ

ている。

* 山田孝子『南島の自然誌』

与那国

　リュウキュウガキ　「実をたたきつぶし、潮だまりや川のよどみなどに入れて、魚が浮いてきたところを捕獲した」

　ルリハコベ（イユビツァティ）「草全体をたたいてつぶし、それを潮だまりや川のよどみなどに入れ、魚を弱らせて捕獲したという」

*『与那国島の植物』与那国町教育委員会編 1995

キツネノマゴ
波照間島ではキツネノ
ヒマゴとともに魚毒と
された

参考文献
（1～3章のみ）

秋道智彌 1995「魚毒漁の分布と系譜」吉田集而編『生活技術の人類学』平凡社
　　pp.66-98

浅川義範 2014「蘚苔類の香気および呈味」『香料』263:29-42

アチックミューゼアム編 1973「喜界島阿傳村立帳」日本常民文化研究所編『日本常
　　民生活資料叢書　第 24 集』三一書房 pp.385-624

安室知 1998「西表島の水田漁撈―水田の潜在力に関する一研究―」農耕文化研究
　　振興会編『琉球弧の農耕文化』大明堂 pp.108-149

安室知 2005『水田漁撈の研究』慶友社

安渓貴子 2015「ソテツの三つの毒抜き法」安渓貴子ほか編『ソテツをみなおす　奄美・
　　沖縄の蘇鉄文化誌』ボーダーインク pp.26-44

安渓遊地 1982「毒で魚を採る―魚毒の話―」『アニマ』117:58-59

安渓遊地 1988「高い島と低い島の交流―大正期八重山の稲束と灰の物々交換―」『民
　　族学研究』53（1）：1-30

安渓遊地編 2007『西表島の農耕文化―海上の道の発見』法政大学出版局

安渓遊地編 2017『廃村続出の時代を生きる』南方新社

アリストテレス 島崎三郎訳 1969『アリストテレス全集8』岩波書店

池田和子 2012『ジュゴン―海の暮らし、人との関わり』平凡社

池田豪憲 1989『沖永良部島の植物方言資料』『鹿児島の植物』8号

伊是名村史編集委員会編 1989『伊是名村史　下巻　島の民俗と生活』伊是名村

磯野直秀 2007「明治前園芸植物渡来年表」『慶応義塾大学日吉紀要　自然科学』
　　42:27-58

伊谷純一郎 1977「トングウェ動物誌」伊谷純一郎ほか編『人類の自然誌』雄山閣出
　　版 pp.441-537

いらぶの自然編集委員会編 1995『いらぶの自然　植物篇』伊良部町

岩倉市郎 1973「喜界島漁業民俗」日本常民文化研究所編『日本常民生活資料叢書
　　第 24 集』三一書房 pp.628-783

岩崎卓爾 1974『岩崎卓爾一巻全集』伝統と現代社

上江洲均 1990「台湾アミ族の漁撈」『沖縄民俗研究』10:9-16

上江洲均ほか 1983『琉球諸島の民具』未來社

蛯原一平・盛口満 2011「猪垣のあるムラ・奥の暮らし」蛯原一平ほか編『いくさ世を
　　こえて　沖縄島・伊江島のくらし』ボーダーインク pp.8-20

宇都宮貞子 1970『草木ノート』読売新聞社

岡山登 2005「中山傳信録物産考」安田健編『江戸後期諸国産物帳集成　ⅩⅩ巻　琉球』

所収 科学書院

岡本弘道 2012「近世琉球の国際的位置と対日・対清外交」周縁の文化交渉学シリーズ6『周縁と中心の概念で読み解く東南アジアの「越・韓・琉」―歴史学・考古学研究からの視座―』関西大学文化交教育研究拠点 pp.89-98

沖縄県教育庁文化財課編 1990『沖縄県歴史の道調査報告書Ⅶ　八重山諸島の道』沖縄県教育委員会

沖縄県教育庁文化財課資料編集班編 2014『沖縄県史　資料編24　自然環境新聞資料』沖縄県教育委員会

沖縄県農林水産行政史編集委員会編 1973『沖縄県農林水産行政史　第13巻』農林統計協会

沖縄大百科事典刊行事務局編 1983『沖縄大百科事典』上、中、下 沖縄タイムス社　奥のあゆみ刊行委員会編 1986『奥のあゆみ』国頭村奥事務所

柏常秋 1954『沖永良部島民俗誌』凌霄文庫刊行會

加藤正治 1999『奄美与論島の社会組織』第一書房

金平亮三 1973『臺灣樹木誌』(復刻版) 井上書店

河津一儀 1967「東南アジアにおける魚毒植物とその有効成分」『東南アジア研究』5(1):166-170

河津一儀 1972「魚毒植物の活性成分」『有機合成化学協会誌』30(7)615-628

菊池照夫 2003「毒流し漁雑考―古代王権の祈雨祭祀にもふれて―」『法政考古学』30巻 455-468

喜舎場永珣 1989「八重山に於ける舊来の漁業」比嘉春潮ほか編『島　下』名著出版

御勢久右衛門 1967「奥吉野の自然と生活」森下正明ほか編『自然　生態学的研究　今西錦司博士還暦　記念論文集』中央公論社 pp.249-283

金城達也 2009「沖縄本島・山原地域における自然資源の伝統的な利用形態」『沖縄地理』9:1-12

来間泰男 1991「さとうきびブームとその後」沖縄県農林水産行政史編集員会編『沖縄県農林水産行政史』第1巻・第2巻 農林統計協会 pp.340-348

黒岩恒 1895「八重山列島の魚類毒殺法」『動物学雑誌』7(85):395

拵音一郎 1973「喜界島農家食事日誌」日本常民文化研究所編『日本常民生活資料叢書　第24集』三一書房 pp.33-266

斉藤政美 1995『おばあさんの植物図鑑』葦書房

佐伯沙子ほか 1966「モッコク材の殺蟻生物 (第2報)」『木材工業』21(7):20-24

更科源蔵・更科光 1976『コタン生物記　Ⅰ　樹木・雑草篇』法政大学出版局

末広恭雄 1964『魚と伝説』新潮社

島田隆久 2009『奥川変せんの話』「リュウキュウアユシンポジューム in 奥川」発表資料

島袋源七 1951「沖縄における寄物」『民間傳承』15(7):8-14

清水建美編 2003『日本の帰化植物』平凡社

武田淳 1994「イノー(礁池)の採捕経済―サンゴ礁海域における伝統漁法の多様性―」
九学会連合　地域文化の均質化編集委員会編『地域文化の均質化』pp.51-68

武田淳ほか 2000「ソロモン諸島ガダルカナル島タラウラ村における有用動植物資源と
伝統的な利用技術」　佐賀大学彙 85:19-43

田中熊雄 1973『日本の民俗　宮崎』第一法規

田畑千秋 1992『奄美の暮らしと儀礼』第一書房

多良間村役場・観光振興課 2013『多良間島自然観察ガイドブック』多良間村

得能壽美 2007『近世八重山の民衆生活史』榕樹木書林

北谷町史編集委員会編 1992『北谷町史　第3巻　資料編2　民俗上』北谷町役場

寺島良安 島田勇雄ほか訳注 1991『和漢三才図絵　17』東洋文庫

長澤武 2001『ものと人間の文化誌 101　植物民俗』法政大学出版局

長沢利明 1982「久米島東部の魚垣」『西郊民俗』101:7-13

長沢利明 2006「毒流し漁と漁毒植物」『西校民俗』196:1-14

長沢利明 2012a「漁毒漁とその伝承」『民俗』220:1-7

長沢利明 2012 b「民俗学の散歩道　13　神武天皇とアユ」西郊民俗談話会ホーム
ページ 2012 年 11 月号 seikouminzoku.sakura.ne.jp/sub-20.html

名嘉真 宜勝 1981『沖縄・奄美の生業2　漁業・諸職』明玄書房

仲原善秀 1990『久米島の歴史と民俗』第一書房

仲松弥秀 1993『うるま島の古層』梟社

名護市史編さん委員会編 2001『名護市史　本編9　民俗Ⅰ　民俗誌』名護市役所

名越左源太 国分直一ほか校注 1984『南島雑話2』平凡社

西原町教育委員会編 2004『西原町の自然』西原町教育委員会

野池元基 1990『サンゴの海に生きる―石垣島・白保の暮らしと自然―』農山漁村文
化協会

野本寛一 1987『生態民俗学序説』白水社

野本寛一 1991「始原生業民俗論Ⅰ―マス漁を中心として―」『文学・芸術・文化』
2(3):43-107

野本寛一 1995『海岸環境民俗論』白水社

野本寛一 1996「始原生業民俗論Ⅱ―マス漁を中心として」『文学・芸術・文化』
7(2):71-83

南風原町史編集委員会編 1997『南風原町史　第二巻　自然・地理資料編』
南風原町

原田禹雄訳註 1982『中山傳信録』言叢社

原田禹雄 2002「"中山傳信録"の動植物」『がじゅまる通信』27 号 pp.5-12

原田禹雄訳註 2003『琉球国志略』榕樹書林

原田禹雄訳註 2007『使琉球記』榕樹書林

深津正 1983『ものと人間の文化史 50　燈用植物』法政大学出版局

町田原長 1980『与論島民俗文化誌資料』私立民俗文化資料館

松原正毅 1970「焼畑農耕民のウキとなれずし」『季刊人類学』1(3):129-154

松山利夫 1982『ものと人間の文化史 47　木の実』法政大学出版局

松山光秀 2009『徳之島の民俗文化』南方新社

南真木人 1993「魚毒漁の社会生態―ネパールの丘陵地帯におけるマガールの事例か
　　ら―」『国立民族学博物館研究報告』18(3):375-407

宮島式郎 1944『デリス』朝倉書店

宮澤賢治 1979a『新修　宮沢賢治集　第十巻』筑摩書房

宮沢賢治 1979b『新修　宮沢賢治集　第十一巻』筑摩書房

目崎茂和 1985『琉球弧をさぐる』沖縄あき書房

最上孝敬 1967『原始漁法の民俗』岩崎美術社

盛口満 2011「植物利用から見た琉球列島の里の自然」安渓遊地ほか編『奄美沖縄環
　　境史資料集成』　南方新社 pp.335-362

盛口満 2015「琉球列島の里の自然とソテツ利用」安渓貴子ほか編『ソテツをみなおす
　　奄美・沖縄の蘇鉄文化誌』ボーダーインク pp.111-119

盛口満 2016「魚毒植物の利用を軸に見た琉球列島の里山の自然」大西正幸ほか編
　　『シークヮーサーの知恵―奥・やんばるの「コトバ―暮らし―生き物環」』京都大学
　　学術出版会 pp103-128

盛口満 2019『琉球列島の里山誌―おじい・おばあの昔語り』東京大学出版会

盛口満 2020「植物の利用」沖縄県教育庁文化財課資料編集班編『沖縄県史
　　各論編　第九巻　民俗』沖縄県教育委員会 pp.118-123

柳田國男 1968『定本　柳田國男集第五巻』筑摩書房

山口未花子 2012「動物と話す人々」奥野克己ほか編『人と動物の人類学』春風社
　　pp.3-28

与論町誌編集委員会編 1988『与論町誌』与論町教育委員会

琉球政府編 1989『沖縄県史　第 14 巻資料編4』(復刻版) 国書刊行会

和泊町誌編集委員会編 1974『和泊町史　民俗』和泊町教育委員会

Andel V.T. 2000 The diverse uses of fish-poison plants in northwest Guyana. *Economic Botany.*
　54(4):500-512

Bearez P.　1988 First archaeological indication of fishing by poison in a sea environment by the
　Engoroy population at Salango (Manabi, Ecquador). *Jornal of Archaeological Science* 25:943-948

Cannon J.G. et al. 2004 Naturally occurring fish poisons from plants. *Journal of chemical*

Education. 81(10):1457-1461

Heizer R.F. 1953 Aboriginal fish poisons. *Smithsonian Institution, Bureau of American Ethnology* pp.225-289

Negi K.S, et al. 2009 Plants used as fish toxins in Garhwal region of Uttarakhand Himalaya. *Indian Journal of Traditional Knowledge* 8(4):535-538

Merrill E.D. 1943 Technical manual, Emergency food plants and poisonous plants of the islands of the pacific. *U.S. Washington War department*

Safford W.E. 1905 Useful plants of Guam. *Smithsonian Institution United States National Museum.* Washington

Stone C.P et al. 2008 Hawaii's plants and animals. Hawaii natural History Association

Wamgpan T. et al. 2019 Traditional use of plants as medicine and poison by Tagin and Gab tribe of Arunachal Pradesh. *Journal of Applied Pharmaceutical Science.* 9(9):098-104

ウェブ

九州大学宮崎演習林 「エゴノキ」 www.forest.kyushu-u.ac.jp

Philippine Medical Plants :Baraibai www.stuartxchange.org/Baraibai.htm/

（＊ミフクラギの魚毒利用についての記述がある）

Remeley T. et al. 2005 Common Mullein. *Plant Conservation Alliance'Group.* http://www.nps.gor/plants/alien/

（＊ビロードモウズイカの魚毒利用についての記述がある）

■著者紹介

盛口 満（もりぐち・みつる）

1962年千葉県生まれ。千葉大学理学部生物学科卒。高校理
科教諭、フリースクール講師を経て、現在、沖縄大学人文
学部教授。主な著書に『琉球列島の里山誌』（東京大学出版
会）、『ものが語る教室』（岩波書店）、『歌うキノコ』（八坂書房）
など。

魚毒植物

発 行 日	2022年3月20日　第1刷発行	
著　　　者	盛口 満	
発 行 者	向原祥隆	
発 行 所	株式会社 南方新社	
	〒892-0873　鹿児島市下田町 292-1	
	電話　099-248-5455	
	振替　02070-3-27929	
	URL　http://www.nanpou.com	
	e-mail　info@nanpou.com	
装　　　丁	都築 純	
印刷・製本	株式会社 朝日印刷	

定価はカバーに印刷しています
乱丁・落丁はお取替えします
ISBN978-4-86124-469-8　C0039

琉球弧・野山の花 from AMAMI
◎片野田逸朗著 大野照好監修
定価(本体2900円＋税)

世界自然遺産候補の島、奄美・沖縄。亜熱帯気候の島々は植物も本土とは大きく異なっている。植物愛好家にとっては宝物のような555種類のカラー写真。その一枚一枚が、琉球弧の自然へと誘う。

奄美の絶滅危惧植物
◎山下 弘
定価(本体1905円＋税)

世界自然遺産候補の島・奄美から。世界中で奄美の山中に数株しか発見されていないアマミアワゴケなど、貴重で希少な植物たちが見せる、はかなくも可憐な姿。アマミスミレ、アマミアワゴケ、ヒメミヤマコナスビほか全150種。

九州・野山の花
◎片野田逸朗
定価(本体3900円＋税)

葉による検索ガイド付き・花ハイキング携帯図鑑。落葉広葉樹林、常緑針葉樹林、草原、人里、海岸……。生育環境と葉の特徴で見分ける1295種の植物。トレッキングやフィールド観察にも最適。植物図鑑はこれで決まり。

野の花ガイド 路傍300
◎大工園 認
定価(本体2800円＋税)

庭先や路傍で顔なじみの身近な木々や草花。300種覚えれば路傍の植物はほとんど見分けがつくという。日本各地に分布する全364種を掲載。見分けるポイント満載の楽しい入門書が登場！歩くたびに世界が広がる一冊。

食べる野草と薬草
◎川原勝征
定価(本体1800円＋税)

身近な植物が、食べものにも薬にも！ ナズナ、スミレ、ハマエンドウなど、おいしく食べられる植物。そして薬にもなる植物。その生育地、食べ方、味、効能などを詳しく紹介。身近な植物を知り、利用して、暮らす知恵を磨く一冊。

奄美の自然入門
◎常田 守・外尾 誠
定価(本体1800円＋税)

世界自然遺産の島として注目を集める奄美群島。奄美の自然の魅力は多様性。驚くほど多くの種類がいて、固有種や絶滅危惧種だらけ。世界でここだけの「オンリーワン」の自然がある。奄美の自然写真家と朝日新聞記者が案内する。

新・海辺を食べる図鑑
◎向原祥隆
定価(本体2000円＋税)

海辺は食べられる生き物の宝庫。著者が実際に自分で獲って食べた海藻、貝、エビ・カニ、魚、川の生き物158種の見つけ方、獲り方、下拵え、食べ方、保存方法を解説。この本一冊あれば、子供も大人も海辺がもっと楽しくなるにちがいない。

琉球弧・生き物図鑑
◎山口喜盛・山口尚子
定価(本体1800円＋税)

琉球弧は進化の島とも言われ、島独自の種や、島ごとに分化した亜種も多い。哺乳類・野鳥・両生類・爬虫類・昆虫類・甲殻類・植物など、広い分野の代表種567種を島ごとの亜種を含め、初めて一冊にまとめた。

ご注文は、お近くの書店か直接南方新社まで（送料無料）。
書店にご注文の際は「地方小出版流通センター扱い」とご指定ください。